Dépassez vos peurs avec la visualisation créatrice

ISBN : 978-2-412-07061-1
Dépôt légal : mars 2022
Imprimé en France par Laballery - 202723

Avec la collaboration d'Anne-Laure Schneider
Direction éditoriale : Marie-Anne Jost-Kotik
Responsable éditoriale : Aline Sibony
Édition : Lisa Marie
Correction : Judith Lévitan
Mise en pages : Cipanga

Crédits iconographiques : p.10 iStock/Elena_Kostrova, p.12-13, 74-75, 132-133, 164-165 Shutterstock/agsandrew, p.16 iStock/calvindexter, p.19 Shutterstock/Sopelkin, p.21 iStock/Roman1979, p.26 iStock/MaxNadya, p.30-31 Sutterstock/Pacha M Vector, p.38 : Shutterstock/suns07butterfly, p.42 iStock/DenisKrivoy, p.46 Shutterstock/mspoint, p.66 iStock/gesrey, p.70 iStock/ognivo, p.73 Shutterstock/Volodko_Art, p.81 iStock, p.84 iStock/owattaphotos, p.89 iStock/Roni Tresnawan, p.96 iStock/MaxNadya, p.106 iStock/XL1200, p.116 iStock/FarbaKolerova, p.122 Shutterstock/Dovina, p.124 Shutterstock/chuhastock, p.131 iStock/DenisKrivoy, p.141 iStock/gavni, p.150 iStock/JuliGin, p.156 iStock/hudiemm, p.162 Shutterstock/ Lisa Art, p.169 iStock/Sasha_Ivv.

Éditions First, un département d'Édi8
92, avenue de France
75013 Paris
Tél : 01 44 16 09 00
Fax : 01 44 16 09 01
Email : firstinfo@efirst.com
Site Internet : www.editionsfirst.fr

Alain Lancelot

Dépassez vos peurs avec la visualisation créatrice

FIRST
ÉDITIONS

Sommaire

VISUALISER, C'EST CRÉER !

La visualisation m'a été d'une grande aide pour dépasser mes complexes et mes peurs, changer de carrière, sortir d'un burn-out et mener aujourd'hui une vie pleinement heureuse et accomplie entre l'Asie et l'Europe.

Pratiquant quotidiennement la visualisation à titre personnel comme professionnel en tant que sophrologue et coach, j'ai eu toutefois l'occasion de me rendre compte que cette méthode est encore trop souvent perçue comme « simpliste », « irrationnelle » ou réservée à ceux qui y croient. Malgré les preuves scientifiques apportées par les neurologues, cette technique permettant de concrétiser des pensées dans la vie réelle peine à prendre la place qu'elle mérite.

Je me penche depuis plusieurs années sur les raisons de cette défiance vis-à-vis de cette méthode qui s'avère pourtant au cœur de toutes les pratiques de développement personnel actuelles et l'une des clés du succès de nombreuses personnalités et athlètes à travers le monde.

Beaucoup appréhendent la visualisation comme un remède miracle, cherchant à l'utiliser sans travail personnel, un peu comme une baguette magique dont la simple manipulation suffirait à modifier ce qui ne leur convient pas. Et, si les résultats ne s'avèrent pas suffisamment éloquents, les mêmes passent plus de temps à blâmer la méthode qu'à se demander si leur manière de procéder est la bonne.

> Il est en effet essentiel de comprendre qu'il n'y a rien de magique dans la visualisation, pratique basée sur nos capacités cognitives, et qu'il faut du temps et de l'entraînement pour transformer nos pensées en réalité.

Qu'elle soit positive (dans un but de détente) ou créatrice (afin d'atteindre un objectif), il y a un chemin à suivre dans la pratique de la visualisation pour atteindre un résultat optimal. Et, dans le cadre plus précis de cet ouvrage, pour surmonter efficacement ses peurs, principales sources de stress et d'échecs, personnels comme professionnels.

Tous les spécialistes l'affirment : la plupart de nos peurs sont fondées sur des pensées et des visions de la réalité erronées ou des images anxiogènes créées de toutes pièces par notre mental. **Comment diriger nos images mentales dans un sens créatif et positif, alors que de prime abord notre cerveau se focalise en premier lieu sur le négatif ?**

Mes peurs, pour la plupart ancrées depuis mon enfance, ont été des causes de souffrance jusqu'au moment où j'ai compris que c'était à moi d'apprendre à les gérer et qu'il était possible d'en faire des *boosters* plutôt que des freins. Ma vie et mes apprentissages en Asie ont renforcé l'idée que nous sommes responsables autant de notre corps que de nos pensées, et que nous avons la possibilité de maîtriser nos peurs. Car même indispensables à notre survie, elles sont la plupart du temps de puissants freins qui nous empêchent de révéler notre vrai potentiel. À l'origine de notre stress et de nos échecs, responsables de nos nuits blanches, mères nourricières de la procrastination et castratrices de toute motivation…

Il est temps de prendre les choses en main !

Comme vous, peut-être, j'ai utilisé la visualisation pour me débarrasser de mes doutes et de mes peurs. Mais mes premiers résultats n'étaient pas à la hauteur de mes espérances. Découragé, j'ai cru alors que seuls les chamans ou autres « initiés » parvenaient à tirer parti de la visualisation et que, malgré mon intérêt et ma motivation, j'en serais incapable. Progressivement, j'ai toutefois compris que la difficulté ne provenait pas de la visualisation en tant que telle, mais de mes propres a priori quant à mes capacités à visualiser. Pour atteindre un résultat optimal, il m'est apparu nécessaire de mener un premier travail sur mes croyances avant de me consacrer à mes peurs.

Je vous propose donc de partager avec vous le processus que j'ai mis en place, afin que vous puissiez, vous aussi, transformer vos visualisations positives en visualisations créatrices et retrouver la maîtrise de votre mental.

Un cheminement qui, page après page, vous amènera à devenir acteur de ce changement, en tenant compte d'un stade souvent oublié et pourtant essentiel : la libération de vos freins et préjugés négatifs vis-à-vis de vous-même et de l'efficacité de la méthode.

Persuadé que l'on ne peut agir que sur ce que l'on connaît, je vous propose d'abord de comprendre le principe de la visualisation comme celui de nos peurs. Puis d'apprendre à vous placer dans les meilleures conditions pour rendre vos visualisations efficaces et accepter les transformations qu'elles vont engendrer. Avant de vous soumettre un choix de visualisations qu'il vous suffira de vous approprier, voire de créer pour prendre une part active à ce travail.

L'utilisation de la visualisation créatrice
a profondément changé ma vie,
je souhaite qu'il en soit de même
pour vous.

Visualiser,
c'est donner forme
à ses pensées.

PARTIE 1

COMPRENDRE POUR MIEUX AGIR

COMPRENDRE LA VISUALISATION CRÉATRICE

Premier rouage de tout entraînement mental, la visualisation créatrice est utilisée avec succès par les sportifs de haut niveau et les leaders internationaux depuis des décennies (forces armées, hommes politiques, hommes d'affaires ou artistes) pour atteindre des objectifs aussi divers soient-ils. Si je devais en donner une définition : **il s'agit d'une technique utilisant la capacité de chacun à imaginer afin de concrétiser dans la réalité ses objectifs. Et notamment, pour ce qui nous intéresse ici, de se libérer de ses peurs.**

L'imagination est une compétence que nous possédons tous, quels que soient notre âge, notre niveau d'étude ou notre sexe. Il n'y a surtout rien d'étonnant ni de magique dans ce processus, si ce n'est les capacités inexploitées de notre cerveau. Nous utilisons d'ailleurs cette faculté régulièrement tout au long d'une journée sans même nous en rendre compte. Dès lors que vous laissez votre esprit vagabonder et que vous percevez des images dans votre tête lorsque vous rêvez, cela relève de la visualisation non guidée. Parfois, au détour d'une idée anodine, une peur vient gâcher la fête et transforme ce moment de rêverie salvateur en anxiété sinon en peur. Quand vous pratiquez la sophrologie, l'hypnose, l'autohypnose ou des techniques énergétiques comme le reiki, le qi gong ou le yoga, vous utilisez également la visualisation. De même pour qui pratique encore des traditions millénaires comme le chamanisme, le druidisme ou l'animisme. Et, paradoxalement, nous l'utilisons souvent pour créer nos peurs. La plupart de vos blocages en tant qu'adulte proviennent effectivement de répétition de pensées négatives et d'ancrages mentaux, de phrases entendues régulièrement et devenues vérités à force de répétitions et de visualisations tournées contre vos propres intérêts.

Apprendre à visualiser, c'est utiliser notre mental à bon escient et décider de diriger nous-mêmes nos pensées vers un objectif qui nous correspond, tout en tenant compte des difficultés que nous rencontrerons jusqu'à l'atteindre. En sophrologie, nous parlons de « réalité objective ».

Pratiquer et réussir ses visualisations ne requiert aucune croyance particulière ou adhésion à un quelconque concept métaphysique. Vous avez simplement besoin d'avoir conscience que vous avez la possibilité de changer ce qui ne vous convient plus et la curiosité d'envisager la vie sous un nouveau jour. Rappelez-vous, enfant, vous entendant dire qu'un arbre fabriquait de l'énergie grâce au soleil, combien cela vous semblait incroyable et presque magique. Avec l'âge, vous avez compris le fonctionnement de la photosynthèse expliquant ce phénomène et lui ôtant tout caractère mystérieux et fantastique. Il en est de même pour la visualisation créatrice. Au début, le processus peut vous sembler impossible ou charlatanesque – en partie à cause de notre éducation occidentale qui laisse totalement de côté le pouvoir

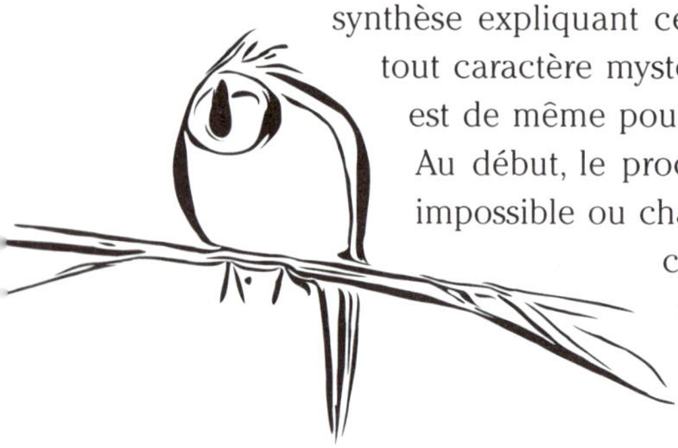

du corps et de l'esprit et la notion d'*énergie* – puis, progressivement, vous comprendrez que vous utilisez uniquement la puissance de votre cerveau.

Pratiquer la visualisation créatrice, c'est mettre en place un réel processus de changement. Ce n'est pas rien et cela doit être considéré comme un vrai pouvoir de chacun sur soi-même.

Nous savons tous ce qui est bon pour nous, mais nos peurs nous empêchent trop souvent de concrétiser nos envies et d'écouter nos besoins. Il est temps de vous offrir le meilleur et de vous autoriser la réussite. Vous avez tout en vous pour le faire, il ne vous manquait plus que le chemin pour y parvenir : la visualisation créatrice. Sur cette voie, il est possible que vous vous découvriez des capacités que vous n'aviez jamais imaginées, sclérosé par vos peurs. Il vous suffit d'avoir envie, de vous faire confiance et d'accepter ce que vous allez trouver en vous, une fois vos peurs maîtrisées, pour créer le monde qui vous ressemble.

La visualisation change vos états émotionnels

Avant d'entrer dans les détails, je vous propose deux courtes visualisations faciles mais probantes pour comprendre l'influence de la visualisation sur vos émotions et sur votre corps. Nous verrons plus loin qu'il est important de se placer dans un état particulier pour bénéficier pleinement de ses bienfaits.

VISUALISATION DU POSITIF

Installez-vous confortablement et prenez trois grandes respirations avec votre ventre et, lors de l'expiration, soufflez loin devant vous jusqu'à sentir un relâchement du corps, puis effectuez la visualisation ci-dessous.

Imaginez un événement récent ou plus ancien que vous avez particulièrement apprécié ou qui vous a rendu très heureux. Vos dernières vacances, une rencontre avec un ami, un moment avec votre conjoint ou votre famille, etc.

Laissez venir à vous ce souvenir sans a priori ni restriction. Accueillez ce souvenir comme il se présente à vous.

Prenez le temps d'en visualiser les moindres détails, prêtez attention aux couleurs, aux bruits, aux parfums ou aux personnes qui vous entourent éventuellement. Revivez ce moment comme vous l'avez vécu, avec intensité.

Percevez le sentiment de plaisir que vous procure ce souvenir. Prenez conscience d'afficher un sourire sans même le vouloir. Ressentez ces affects positifs autant au niveau de votre corps que de votre esprit.

Prenez conscience de toute la positivité qui émane de ce souvenir et comment elle vous permet de vous sentir particulièrement bien à l'instant même et profitez de ce sentiment de gratitude pour ces moments vécus.

Prenez alors une grande inspiration, bloquez-la en pensant fort à ce souvenir, puis soufflez doucement comme pour le diffuser dans l'ensemble de votre corps.

Reprenez doucement contact avec l'environnement qui vous entoure ; prenez conscience de votre état d'esprit et répondez à la question suivante :

Quels sont vos ressentis ?

....

....

....

....

....

....

....

Prenez conscience du regain d'énergie que vous ressentez à présent.

VISUALISATION DE L'ARBRE RESSOURCE

Essayez une nouvelle fois avec cette seconde visualisation qui fera ressurgir en vous le lien inné que nous avons tous avec la nature.

Laissez remonter en vous le souvenir de l'arbre ou d'un lieu naturel où vous vous rendiez pour vous ressourcer ou vous cacher quand vous aviez envie de vous retrouver seul, d'apaiser une peine, ou tout simplement de rêvasser.

Si plusieurs moments ou lieux reviennent à votre esprit, accueillez-les tels qu'ils se présentent à vous et choisissez le plus précis d'entre eux.

Comme précédemment, prenez le temps d'en visualiser les moindres détails, prêtez attention au vert qui vous entoure, aux bruits du vent dans les feuillages, aux parfums émis par la végétation environnante. Revivez ce moment comme vous l'avez vécu, avec intensité.

Percevez toute la sérénité qui émane de ce souvenir. Prenez conscience d'afficher encore un sourire sans même le vouloir. Ressentez ces affects positifs autant au niveau de votre corps que de votre esprit.

Et laissez monter en vous un sentiment de gratitude pour ces moments vécus.

Prenez alors une grande inspiration, bloquez-la en pensant vivement à ce souvenir, puis soufflez doucement comme pour le diffuser dans l'ensemble de votre corps.

Reprenez doucement contact avec votre environnement et prenez conscience de votre état d'esprit sur le moment !

Une nouvelle fois, répondez à cette question :

Que ressentez-vous ?

....

....

....

....

Vous pouvez constater combien ces simples visualisations ont le pouvoir de changer votre état émotionnel. La peur étant une émotion, vous venez de prendre conscience de l'importance de la visualisation dans la gestion de nos émotions au quotidien.

Ces deux visualisations vous seront d'ailleurs utiles pour changer un ressenti désagréable au début d'une crise d'angoisse et en limiter l'importance. Elles vous permettront de court-circuiter vos pensées anxiogènes par des pensées agréables.

C'est un fait, même si le concept peut sembler « naïf » au premier abord, la visualisation d'un événement heureux ou d'un lieu où vous avez vécu des moments heureux développe en vous des affects positifs et génère un sentiment de bien-être. Visualiser ou entretenir (volontairement ou non) des images négatives vous plongera à l'inverse dans un réel mal-être psychologique comme physique, au risque de développer des peurs plus ou moins invalidantes.

Ces premières constatations, évidentes en apparence, sont pourtant presque oubliées de nos jours, malgré les preuves neuroscientifiques[1] toujours plus nombreuses qui les corroborent. En témoignent, par exemple, les recherches en biologie et neurosciences de l'équipe du Pr Tonegawa du MIT (Massachusetts Institute of Technology) qui ont démontré qu'il était possible d'influencer un comportement émotionnel en implantant un faux souvenir dans la mémoire. Cette expérience effectuée en laboratoire a même permis de montrer que l'on pouvait aller jusqu'à inverser des réponses émotionnelles face à une situation donnée.

---

1. https://news.mit.edu/2014/brain-circuit-links-emotion-memory-0827

« Dans le futur, l'on sera capable de développer différentes méthodes pour aider les gens à mémoriser davantage les bons souvenirs plutôt que les mauvais », a pu ainsi avancer ce scientifique.

Il ne faut, en effet, pas omettre que ce qui fonctionne dans un sens positif, fonctionne aussi dans l'autre ! En attendant les progrès de la science, vous avez ainsi dès aujourd'hui la possibilité de multiplier vos affects positifs et de réduire vos affects négatifs grâce à la visualisation créatrice. D'où l'importance de bien comprendre la façon d'utiliser cette méthode pour gérer au mieux notre cerveau qui, de manière générale, préfère retenir l'aspect négatif d'une situation plutôt que son aspect positif.

Autre particularité de notre cerveau, en effet, issu d'un biais cognitif que l'on nomme en psychologie **« le biais de la négativité »**. Ce mode de fonctionnement remonterait aux premiers stades de l'évolution humaine, quand la survie de l'homme résidait dans sa capacité à évaluer le danger et dans sa capacité d'adaptation. Bien que ce fonctionnement cognitif, indispensable du temps des dinosaures, ne soit plus nécessaire à notre époque, celui-ci est tellement ancré dans notre cerveau que nous continuons à surestimer les dangers et à sous-estimer nos chances de réussite. Comme tous les autres biais cognitifs, celui-ci est systématique, inconscient et ne peut donc pas être supprimé. À nous donc de décider d'inverser ce penchant négatif, en créant suffisamment de forces positives pour le contrebalancer.

LE TOUR DE FORCE DE L'IMAGINATION

Vous doutez encore de l'influence de l'imagination sur votre corps comme sur votre esprit ? Alors levez-vous et effectuez cet exercice amusant et étonnant.

Placez-vous debout, les bras le long du corps, les pieds dans l'alignement du bassin et les yeux ouverts.

Puis levez l'un de vos bras devant vous à hauteur d'épaule, le pouce levé.

Tournez latéralement vers la direction du bras que vous avez choisi, sans bouger les pieds, et regardez jusqu'où vous pouvez pivoter sans forcer. Prenez un repère visuel afin de pouvoir comparer.

Revenez dans la position initiale.

Puis, simplement avec votre imagination, refaites le mouvement les yeux fermés et sans bouger votre corps, et visualisez-vous plusieurs fois aller beaucoup plus loin.

Imaginez-vous effectuant quasiment un tour complet sur vous-même.

Puis ouvrez les yeux et, après avoir pris une profonde respiration pour détendre tout votre corps, réitérez physiquement le mouvement une dernière fois. Comparez maintenant votre point d'arrivée.

Vous constaterez cette fois-ci qu'après avoir utilisé la visualisation vous êtes allé beaucoup plus loin.

Encore une fois, rien de magique entre les deux résultats. En visualisant au préalable votre mouvement et en étant relâché, vous vous êtes préparé à un meilleur résultat, et celui-ci s'est manifesté physiquement.

Voilà pourquoi la visualisation créatrice est si souvent utilisée pour l'entraînement mental des sportifs. Et, comme pour un champion qui sait exactement le résultat qu'il veut atteindre, cela nécessite d'avoir un objectif clairement défini.

Identifiez précisément votre objectif

Quand j'ai commencé à utiliser la visualisation créatrice, il m'est souvent arrivé d'obtenir des résultats approximatifs ne répondant que partiellement à mon attente. J'ai alors réalisé que mon objectif n'était pas assez précis.

Ne pas savoir exactement ce que l'on veut est une des principales causes de l'échec de la visualisation créatrice. Il faut bien s'avouer que ce problème concerne de nombreux pans de notre vie. En tant que coach, la première des entreprises est de travailler sur l'objectif de la personne qui vient nous demander un accompagnement.

Votre objectif doit être :

- **Réaliste :** consacrez-vous à des peurs sur lesquelles vous avez la possibilité d'agir. Cherchez à travailler sur la peur et non sur l'objet de la peur que vous ne pouvez pas changer.
  Exemple : la peur du noir, de l'obscurité durant la nuit et non de la nuit en tant que telle.
- **Atteignable :** prenez en compte votre situation actuelle et vos ressources personnelles, votre peur requiert-elle l'aide d'un spécialiste ou pas ?

Exemples : je suis en télétravail, je peux consacrer quinze minutes à mes visualisations chaque matin. J'ai les moyens (ou pas) d'aller faire cinq séances avec un professionnel.

- **Spécifique :** de quelle peur s'agit-il ?
  Exemple : ne dites pas « j'ai peur de tout », soyez plus précis, définissez votre peur. Par exemple, « J'ai peur du noir », « J'ai peur de marcher seul à la nuit tombée », etc.
- **Mesurable :** identifiez les résultats qui montreront que vous allez mieux.
  Exemple : pouvoir rentrer chez moi à pied, même si la nuit tombe.
- **Temporel :** vous fixer une date pour dépasser cette ou ces peurs vous permettra d'accroître votre motivation et d'éviter la procrastination.
  Exemple : dans dix jours, je peux rester dans mon bureau sans lumière ; dans quinze jours, je sors devant ma porte le soir, dans un mois…

Vous ne pouvez pas espérer obtenir un résultat précis si votre demande ne l'est pas. L'un des premiers points à aborder sera de déterminer quelle est précisément votre peur, quel est son message, quel est l'objectif que vous souhaitez atteindre et quels sont les obstacles que vous pouvez rencontrer pour y parvenir.

Avoir comme objectif de « surmonter vos peurs » serait trop vague : si vous restez dans la généralité, vous n'atteindrez pas un résultat satisfaisant.

Comme je l'ai déjà formulé, la visualisation créatrice ne relève en rien de la magie, mais s'avère un travail mental qui comporte des règles. Si vous visualisez uniquement votre but, sans visualiser les obstacles que vous traverserez, vous vous mentez à vous-même et abandonnerez très probablement avant d'obtenir ce que vous souhaitez.

Posez-vous les bonnes questions :

1. Que voulez-vous vraiment ?

....

....

2. Quelle est la peur que vous souhaitez dépasser ?

....

....

3. Quelles sont les étapes que vous pouvez identifier pour dépasser cette peur ?

....

....

4. Quels sont les obstacles mentaux susceptibles de se dresser entre vous et la maîtrise de vos peurs ?

....

....

5. De quelles facultés aurez-vous besoin pour atteindre votre objectif ?

....

....

6. Qu'allez-vous devoir mettre en place pour remplacer l'automatisme que cette peur avait installé en vous ?

....

....

7. Êtes-vous certain d'être prêt à vous libérer de l'empreinte de cette peur ?

....

....

8. Comment imaginez-vous votre vie, lorsque vous aurez atteint cet objectif ?

....

....

9. Êtes-vous vraiment motivé pour atteindre cet objectif ?

....

....

VISUALISATION POUR LA RÉALISATION DE VOTRE OBJECTIF

Pour vous aider à clarifier votre objectif, je vous invite à vous visualiser l'ayant atteint. Vous vous placerez ainsi dans une dynamique de réussite et ne laisserez aucune place à votre peur de l'échec.

- *Prenez une position agréable et décontractez tout votre corps pour vous placer dans ce que l'on appelle l'état Alpha (voir page 104), puis commencez par vous envisager positivement après avoir atteint votre objectif, profitant des avantages, racontant votre joie à des amis, etc.*
- *Visualisez vous ensuite quelques mois puis quelques semaines avant la réalisation de votre objectif, confiant et utilisant vos capacités et vos ressources pour dépasser les éventuels obstacles.*
- *Voyez-vous serein et fier de votre réussite au moment où vous estimez que vous avez atteint votre objectif.*
- *Enfin, visualisez à nouveau l'ensemble du processus dans sa chronologie.*
- *Réitérez cette visualisation autant de fois que nécessaire, pour renforcer la confiance en vous, vos capacités de réussite et la réalisation de votre objectif.*

Flash-back

La volonté d'utiliser des images mentales pour se motiver et atteindre un objectif n'est pas nouvelle. J'ai même tendance à penser que, dès *Homo sapiens* et ses premières peintures, l'homme a eu envie de partager ce qu'il vivait en solitaire à travers un témoignage pictural permettant aux autres d'imaginer une scène. Quoi de plus encourageant, avant d'aller défier un mammouth, de voir que d'autres avant vous ont réussi cet exploit ! Ces peintures jouaient déjà un rôle de « déclencheur mental », pourvoyant de la force à qui doutait de ses capacités. Il pouvait s'imaginer lui-même affronter et vaincre l'animal avant de l'affronter dans la réalité. Une belle façon ancestrale de dépasser ses peurs. De nos jours encore, de nombreuses traditions proches de la nature utilisent la visualisation lors de rituels visant à atteindre un état second ou à entrer en contact avec les esprits de la nature.

Première faculté de l'homme, l'imagination a souvent été à l'origine d'inventions ou de nouvelles théories scientifiques. Pensez aux fameuses machines de Léonard de Vinci tout droit sorties de ses visualisations… Visionnaire et artiste hors pair, il ne se contentait pas de les dessiner, mais ils les créaient préalablement dans sa tête en les imaginant fonctionner.

L'utilisation de la visualisation est courante chez les physiciens, et engendre parfois des querelles épistémologiques, des changements de théories en ouvrant à la réflexion d'autres pistes qui n'auraient jamais été explorées sans elles.

Si le livre de Wallace Wattles *La Science de l'enrichissement* publié en 1910 a ouvert la voie de l'entraînement de l'esprit fondé sur « une certaine façon de penser basée sur l'affirmation de soi et la positivité », c'est vers les années 1920 que cette façon d'utiliser son cerveau commence à intéresser le grand public à travers les écrits et les travaux du pharmacien et psychologue français Émile Coué. Ce docteur en pharmacie peut être considéré comme l'un des précurseurs de la psychologie pratique moderne, grâce à ses travaux sur l'impact de la parole et de l'imagination dans la guérison de ses patients. Selon lui, si l'imagination et la volonté entrent en opposition, c'est à chaque fois l'imagination qui l'emporte. Afin de sensibiliser ses patients à cette faculté, il prenait l'exemple d'une peur largement répandue encore de nos jours : la peur du vide.

IMAGINEZ…

Pour vous présenter cette démonstration, je vous propose de réaliser cette nouvelle visualisation tirée directement des pratiques d'Émile Coué.

Imaginez que vous avez en face de vous une poutre en acier large de cinquante centimètres et pouvant supporter un poids d'une tonne. Imaginez que je la place devant vous sur le sol et que je vous demande de marcher dessus. Nous sommes d'accord que vous le ferez sans crainte.

Imaginez, maintenant, que je prenne cette même poutre et que je la place entre deux gratte-ciel du quartier de la Défense à Paris, à cent ou deux cents mètres de hauteur, et que je vous demande de la parcourir d'un immeuble à l'autre.

Visualisez la scène et prêtez attention à vos ressentis, vos sensations…

Que ressentez-vous ? du vertige ? la peur de tomber ? une attirance du vide ? Il y a beaucoup de chance que ce soit le cas, à moins d'être un alpiniste aguerri ou un fan d'escalade.

Pourtant, si l'on y réfléchit bien, cette poutre supporte toujours le même poids – une tonne – et sa largeur est toujours suffisante pour que vous puissiez marcher en toute sécurité dessus. Qu'est-ce qui a changé entre ces deux situations d'un point de vue sécuritaire pour que vous ressentiez de la peur ou de l'insécurité ? Rien.

Quelle est alors la cause de cette peur si ce n'est votre imagination qui multiplie les hypothèses catastrophiques et anxiogènes en extrapolant votre chute ou l'effondrement de la poutre sous votre poids. Nous remarquerons que derrière cette peur réside LA peur la plus commune : la peur de la mort.

Vous conviendrez que, pour la plupart d'entre nous, aussi forte soit notre volonté d'effectuer la traversée sur la poutre, elle ne suffira pas. Votre imagination a bien pris le pas sur votre volonté.

Cependant, ne croyez pas que la visualisation créatrice va vous permettre de métamorphoser complètement votre personnalité. Ce n'est pas le cas ! Au contraire, l'objectif sera de retrouver votre potentiel initial – celui dont vous disposiez avant de vous laisser emporter par ces peurs que je définis comme « parasites ».

Visualisation positive et créatrice, imagerie mentale, méditation, rêve…

Si la visualisation comme l'imagerie mentale permettent de se relier aux ressources de l'esprit en se basant sur l'imagination et parfois l'intuition dans le but d'optimiser les performances et le mieux-être au quotidien, la visualisation est plus « active » en imposant à l'esprit des images. Dans le cas de l'imagerie, il s'agit davantage de laisser remonter celles-ci de votre subconscient.

La visualisation positive est utilisée dans un cadre relaxant avec des images apaisantes et des paysages agréables. Elle sera très utile pour limiter une angoisse, par exemple. L'utilisation du mot « créatrice » inclut, quant à elle, une notion plus large et ciblée sur des objectifs pouvant aller du cadre familial au cadre professionnel. Parfois même, il sera nécessaire de suivre un véritable scénario lors de votre visualisation pour dépasser une croyance, source d'angoisses et de peurs.

Quant à la méditation, si elle utilise également des images mentales, elle est davantage centrée sur le moment présent, tandis que la visualisation s'inscrit dans la tridimensionnalité : passé, présent et futur.

La « méditation pleine conscience » se révélera très utile dans la maîtrise des peurs pour gérer les effets corporels consécutifs et revenir dans le moment présent.

Certains classent également le rêve dans les techniques de visualisation active, sachant qu'il peut être plus ou moins guidé. Sans entrer dans leur interprétation, ce qui n'est pas l'objet de ce livre (je vous suggère un ouvrage sur ce sujet dans la bibliographie), le rêve peut être utilisé pour trouver des solutions à un problème ou développer une idée artistique.

Du rêve à la réalité : inspirations nocturnes

Il est intéressant de constater le nombre d'inventions qui ont été imaginées et mises au point durant le sommeil de leurs inventeurs et qui ont fait avancer notre connaissance du monde.

Dmitri Mendeleïev, chimiste russe célèbre pour son travail sur la classification périodique des éléments, a découvert ce classement en rêvant : il s'est endormi avec de la musique et a rêvé des éléments périodiques qui dansaient à ses rythmes. Il lui a suffi de noter dès son réveil l'ordre de ceux-ci pour réaliser son classement qui fait référence depuis ce jour.

Elias Howe, inventeur de la machine à coudre, a rêvé quant à lui qu'il était entouré d'ennemis qui le menaçaient avec des lances percées d'un trou à leurs extrémités. Ce rêve lui a donné l'idée des aiguilles pour créer la machine à coudre que nous utilisons encore de nos jours.

De son côté, Niels Bohr, un des plus célèbres physiciens du XXe siècle et Prix Nobel de physique en 1922, a pu prouver que les électrons tournaient bien autour du noyau de l'atome suite à un rêve au cours duquel il a imaginé ces derniers évoluer comme les planètes autour du soleil.

Même si cela ne permet pas de gérer une peur au sens propre du terme, utiliser les capacités du cerveau à organiser la pensée, voire à planifier une action durant votre sommeil, permet de trouver des solutions à une situation qui vous semble inextricable. Ce qui peut limiter vos angoisses.

LE RÊVE : UNE SOLUTION PAYANTE

Je vous propose de pratiquer cet exercice de visualisation par le rêve qui vous aidera à trouver des solutions sans passer par le mental. Cette pratique nécessite un peu d'entraînement mais les résultats en valent la peine.

Avant de vous endormir, prévoyez à votre chevet un papier et un stylo, afin de noter dès que possible une éventuelle intuition nocturne – sinon le matin, alors que vous êtes encore entre la veille et le sommeil.

- *Notez à l'encre noire (ou une couleur que vous lisez facilement) votre problème sur un papier, en employant des phrases courtes et synthétiques.*
- *Placez-le au chevet de votre lit et, si vous avez des objets associés à ce sujet, déposez-les à côté.*
- *Relisez vos notes quelques minutes avant de vous endormir (lorsque vous êtes entre la veille et le sommeil).*
- *Effectuez trois respirations ventrales dans le silence puis visualisez le plus clairement possible la situation qui vous pose problème, visualisez-la sous la forme d'une image. Visualisez également les objets éventuels autour de vous.*
- *Imaginez-vous en train de noter au matin la solution à votre problème et ressentez la joie et le soulagement que cela vous procurera.*
- *Gardez ces images en tête jusqu'au moment de votre endormissement (la respiration ventrale vous aidera à trouver le sommeil).*
- *Endormez-vous en vous autorisant à trouver la solution à ce problème.*
- *Lors de votre réveil, notez immédiatement ce qui vous vient en tête, même si cela vous semble éloigné de votre problème. Vous analyserez ces réponses ensuite.*
- *Si vous vous réveillez au milieu de la nuit, rendormez-vous en visualisant à nouveau la situation comme avant de vous endormir.*

Pour cette visualisation, ne vous accrochez pas au résultat, mais suivez-en simplement les étapes. Soyez dans le lâcher-prise et vous pourriez avoir de bonnes surprises.

La neuroplasticité, une alliée qui compte

Pour comprendre que nous pouvons influer sur nos pensées grâce à la visualisation créatrice, il est intéressant de savoir que, à l'origine, une pensée est une forme de pulsion électrique. Cette pensée va devenir une émotion, qui entraînera une action allant dans le sens de cette pensée. Initialement ni positif ni négatif, ce courant électrique est neutre. Une grande partie des psychologues s'accordent sur le fait que la pensée est purement biologique et que les neurotransmetteurs créent la pensée en interagissant entre eux.

Une pensée est donc la résultante de connexions au sein d'un réseau tentaculaire d'environ cent milliards de neurones (la fibre nerveuse qui prolonge le neurone et conduit le signal électrique est appelée « un axone ») et de près d'un million de milliards de points de connexion, que l'on appelle « les synapses ».

Travaillant souvent dans la nature, j'aime comparer notre cerveau à une forêt. Nous savons de nos jours que les arbres sont connectés entre eux par leurs racines grâce à des champignons faisant la liaison entre elles[2]. Imaginez que les arbres soient les neurones ; les axones, les racines pour aller d'arbres en arbres ; et ces champignons, les synapses, représentant le point de connexion entre les arbres. Lorsqu'un arbre meurt, il n'offre plus la possibilité de se connecter à ses racines, les racines des arbres vivants alentour vont alors chercher à se connecter à un autre arbre également vivant. Ce faisant, ces racines (axones) vont créer de nouveaux chemins pour rétablir une connexion.

---

2. Alain Lancelot, *Les Chemins de reconnexion*, Guy Trédaniel éditeur, 2021.

“

Tout ce que nous sommes est le résultat de ce que nous avons pensé.

Bouddha

”

Le récent développement de la neurologie permet aujourd'hui de comprendre un peu plus précisément ce qui se cache derrière ces connexions.

Une des plus grandes découvertes ces dernières années concernant le fonctionnement de notre cerveau a été celle de la neuroplasticité, ou plasticité neuronale. Comprendre cette spécificité est, selon moi, essentiel pour appréhender la visualisation créatrice. Créée à partir du mot « neuro », ou « neurone », et du grec *plastikos* qui signifie « ce qui est malléable », la plasticité neuronale correspond à la capacité de notre cerveau à remodeler la connexion entre les neurones selon l'environnement et les expériences vécues par un individu. C'est ce que permet toute pratique consistant à penser autrement et à ancrer un nouveau comportement telle la psychothérapie et, par extension, la visualisation créatrice ou la méditation, entre autres.

En imaginant de nouvelles capacités et une situation différente, on sait maintenant qu'il est possible de changer notre façon de penser. Ce qu'affirmait Émile Coué il y a près de cent ans est désormais scientifiquement prouvé.

Si nous perdons des neurones (entre dix et cinquante mille par jour) avec l'âge, cette « perte neuronale » n'est pas irréversible car, comme nous venons de le voir, la destruction de certains neurones contraint ses semblables toujours actifs à chercher de nouvelles connexions et donc à créer de nouveaux chemins neuronaux. Ce phénomène va compenser la perte due à l'âge et créer de nouveau réseaux de neurones.

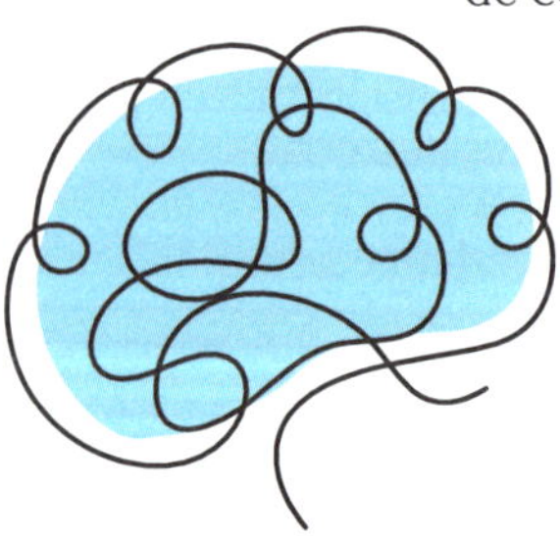

Ces découvertes permettent de comprendre pourquoi la visualisation peut être réalisée à tout âge et par toute personne.

Nous le savons maintenant, tout travail stimulant le cortex cérébral et faisant appel à la réflexion, à nos sens ou à l'imagination, a un véritable effet sur notre esprit comme sur notre corps et donc sur nos comportements.

Évidemment, ce travail de « recâblage » requiert du temps, de l'entraînement et de la régularité.

Le cerveau ne fait pas la différence entre imagination et action

La capacité du cerveau à se laisser contrôler par l'imagination est, de nos jours, constamment étudiée. Nous avons déjà évoqué les études du Pr Tonegawa du MIT, nous pourrions également mentionner les recherches du professeur de neurologie Alvaro Pascual-Leone, qui visent à comprendre les mécanismes contrôlant la plasticité cérébrale et qui ont démontré que notre imagination et nos pensées avaient une réelle influence sur notre cerveau, notre anatomie et, *de facto*, nos actes. Les travaux de l'équipe du Dr Marc Jeannerod de l'Institut des sciences cognitives sont également très intéressants. Grâce à l'imagerie cérébrale, celle-ci a pu démontrer que les régions cérébrales s'activant lorsque vous imaginez une situation sont les mêmes que lorsque vous vivez réellement cette même situation. Les aires motrices du cortex (à savoir l'aire motrice primaire, l'aire prémotrice, l'aire motrice supplémentaire, les noyaux gris centraux et le cervelet) s'activent dans les deux cas.

Cette découverte montre une réelle correspondance neurofonctionnelle entre le fait de mettre en action notre imaginaire avec la visualisation et le fait de réaliser une action dans la réalité en utilisant notre corps.

Si, lors de l'apprentissage d'un mouvement, les activations cérébrales évoluent, comme nous pouvons le constater, lors d'un travail de rééducation, il en est de même lors d'un entraînement mental. Et la visualisation est d'ailleurs de plus en plus souvent utilisée pour accélérer la reconstruction musculaire après un accident ou par des sportifs suite à une blessure immobilisante, afin d'éviter de perdre trop rapidement la précision de leur geste.

Cette fonction cérébrale, clé de la réussite de la visualisation, est essentielle pour diminuer l'impact d'une peur ancrée depuis des années et se préparer à un changement de paradigme.

Le cerveau ne faisant pas la différence entre une situation vécue et une situation créée avec notre imagination, la visualisation permet de renforcer une capacité, soit en s'appuyant sur un fait motivant du passé pour réactiver ses effets, soit en passant par une projection mentale dans le futur afin de se préparer à un événement. Ayant déjà « vécu » la situation, le cerveau sera préparé lorsque celle-ci se présentera réellement et le circuit de la peur ne s'enclenchera pas ou peu.

Nous verrons que les émotions, qu'elles soient positives (joies) ou négatives (peurs), atteignent votre cerveau par l'intermédiaire de nos cinq sens. Il sera donc important d'ancrer vos visualisations également par ce biais.

Ceux que l'on nomme « neurones miroirs » en neurologie jouent également un grand rôle dans la puissance de la visualisation créatrice. Il est possible que vous ayez entendu parler de cette catégorie de neurones sous l'appellation de « neurones de la connaissance » ou « neurones de Gandhi ».

La découverte de ces neurones spécifiques dans les années 1990 par l'équipe du neuroscientifique Giacomo Rizzolatti a bouleversé la neurologie car elle a permis de comprendre pourquoi la simple observation d'une émotion chez un semblable nous la fait ressentir en retour.

Cela explique également pourquoi un sourire ou une marque d'acquiescement (réels ou visualisés) peuvent vous donner confiance tandis que, à l'inverse, un regard méprisant peut instantanément générer en vous une inquiétude pouvant aller jusqu'à l'angoisse ou la peur et faire ressurgir vos croyances limitantes que nous évoquerons plus loin.

En tenant compte de cette réalité neurologique, la prise de recul sera une des meilleures solutions pour mieux maîtriser ce type de situation (comme expliqué en page 65).

Et les émotions dans tout cela ?

Avant d'aborder les émotions liées à la peur, j'aimerais revenir sur l'importance des émotions dans le processus de visualisation car une émotion a autant d'impact psychologique que physique. Une émotion peut naître suite à une intervention sur le corps (une blessure ou un choc entraînant une peur de mourir ou de souffrir par exemple) autant que sur le mental (les pensées d'anticipation engendrent souvent des tremblements, des tensions musculaires, des essoufflements ou des nausées).

On peut dire qu'une émotion n'existe pas sans une pensée, voire que les émotions précèdent les pensées. Certains psychiatres affirment même que les émotions ne sont que des pensées intuitives amenées à analyser les situations dans l'instant et à lancer immédiatement des impulsions corporelles sans passer par le biais de l'intelligence. C'est pourquoi il est difficile d'apaiser ses peurs uniquement par le mental ; ainsi, dans les visualisations proposées dans cet ouvrage, serez-vous toujours invité à prendre conscience de vos ressentis corporels, voire à utiliser conjointement votre corps et votre mental. La particularité du cerveau à interpréter une visualisation comme un fait réel est également une précieuse alliée dans la maîtrise des peurs.

Un des écueils les plus courants avec la visualisation créatrice est de chercher à voir des images sans penser à les relier aux émotions qu'elles suscitent en vous.

Cela revient à observer des images à la manière d'une vache regardant passer un train ! Pas d'émotion, pas de ressenti et donc pas de résultats.

Chaque minute, nos émotions viennent perturber nos actions et la capacité que nous avons de traiter une information, il est donc essentiel de les prendre en compte lorsque vous visualisez. Notre cerveau retient d'ailleurs plus facilement une action qui génère en vous une émotion forte qu'un moment neutre émotionnellement. Remarquez d'ailleurs que vous ne vous souvenez que des rêves ayant déclenché chez vous une émotion forte, les autres étant occultés dès votre réveil.

Vous avez pu constater l'impact de la visualisation sur votre état émotionnel à travers les deux premières visualisations.

N'hésitez pas à refaire le test, si vous le souhaitez, en vous remémorant votre premier rendez-vous, votre premier baiser ou votre première réussite.

De quoi vous souvenez-vous ? De l'émotion ressentie à ce moment précis ! Voilà pourquoi il est indispensable d'associer vos émotions à vos visualisations, afin d'optimiser ces dernières.

Lorsque vous ferez remonter des événements du passé, souvenez-vous de vos sentiments, de vos ressentis lors de ces moments invoqués. Dans le présent, laissez intervenir la sérénité du moment présent. Et si vous visualisez dans le futur (pour vous programmer à réussir), imaginez les émotions que la réussite vous apportera.

Les émotions sont essentielles dans le processus de visualisation, gardez cela en tête dès maintenant.

Je vous invite en partie 3 à apprendre à gérer vos émotions avec deux visualisations particulières. La première vous permettra de vous libérer du poids des émotions qui nourrissent souvent nos angoisses et nos peurs (voir page 137). La seconde vous permettra de dédramatiser la situation en vous imaginant en train de raconter la façon dont vous avez dépassé le problème. En vous visualisant avoir déjà dépassé vos peurs ou toute autre émotion désagréable, vous ancrerez la réussite dans votre cerveau (voir page 138).

NOS PEURS EN QUESTION

Je me revois, âgé alors de 5 ou 6 ans, dans le grenier de la maison familiale en train de diriger ma main vers une araignée en plastique que je croyais donc inanimée jusqu'à la toucher… quand elle partit à toute vitesse sous mes jambes, effrayée par mon geste. Hurlement, déshabillage immédiat et fuite ont été mes réactions primaires, causant un tel choc que j'ai depuis développé une phobie des araignées (surtout en mouvement).

Je me souviens également de ce professeur de français qui n'était jamais satisfait de mon travail et qui inlassablement honorait mon carnet de correspondance de ces mots : « Peut mieux faire ! » Phrase que j'entendais logiquement en écho à la maison et qui a fini par s'ancrer dans mon inconscient, jusqu'à modifier ma façon de réagir une fois adulte, développant chez moi un besoin de tout effectuer « parfaitement » de peur d'être critiqué et de décevoir.

Autres souvenirs encore, tous ces premiers castings manqués à mon arrivée à Paris pour embrasser ma première carrière dans le domaine artistique et médiatique… épreuves ratées par peur d'être moi-même ou peur de ces gens qui s'intéressaient à moi et me laissaient leur carte mais que je n'osais rappeler craignant de ne pas être à la hauteur de leurs attentes.

Des expériences comme celles-ci, nous sommes nombreux à en avoir traversé lors de notre enfance, notre adolescence et peut-être encore aujourd'hui. Depuis, nous sommes en proie à des phobies ou à des peurs de mal faire, de ne pas faire assez bien ou assez vite, de ne pas faire suffisamment plaisir, etc. Ces peurs, ces contrariétés ou sentiments de culpabilité plus ou moins handicapants au quotidien, se sont transformées en croyances à force d'ancrage et de répétition.

De mon point de vue, le souci ne réside pas dans le fait que nous ayons des peurs mais dans la façon dont nous nous identifions à elles. La manière dont nous nous approprions ces peurs au point de croire qu'elles nous constituent. Cette identification est évidemment erronée. Une peur est une émotion et, comme pour toutes nos émotions, il est important de savoir s'en détacher et prendre du recul sur elle.

Même si nous ressentons de la peur,
nous ne sommes pas cette peur.

Il est important de comprendre que la peur passera et sera remplacée par une autre émotion. Qu'elle ne représente qu'un état mental à un instant précis, et qu'il ne tient qu'à nous d'en prendre conscience, de comprendre pourquoi elle existe, et de la laisser s'éloigner sans en faire une « vérité ».

Toutes les peurs ne sont pas liées à l'enfance, évidemment, mais la plupart du temps le lien est évident. Selon nos expériences, nos peurs vont s'ancrer ou s'estomper de l'enfance à l'âge adulte. Certaines nous sont transmises par nos parents à force de répéter les mêmes conseils ou critiques plus ou moins consciemment. Ces peurs sont alors si insidieuses qu'elles peuvent générer de nouvelles peurs qui peuvent se transformer en véritables phobies de nombreuses années après (peur des tunnels, des ascenseurs, des critiques, des moqueries, d'être rejeté, etc.). Je vous propose une visualisation pour appréhender ces phobies en page 140.

Autre effet pervers de la peur : elle peut nous inciter à prendre de mauvaises décisions. C'est souvent le cas lorsque deux possibilités se présentent. Si une personne hésite et se laisse dépasser par ses peurs, elle prendra systématiquement la mauvaise décision. La peur est toujours mauvaise conseillère ! C'est pour cette raison qu'il est essentiel de savoir prendre du recul sur les peurs créées par notre mental en quelques secondes.

La maîtrise de la peur se conjugue au présent

Une des solutions pour gérer ses peurs est d'apprendre à revenir dans l'instant présent et de pouvoir reconsidérer la situation sans être sous leur néfaste influence. Ne pas se laisser emporter dans le triangle infernal de l'angoisse : l'anticipation, l'interprétation et l'amplification.

Pour cela, je vous propose une visualisation qui vous permettra de mettre votre mental au « neutre » par un retour dans le moment présent. J'ai coutume de dire que la peur du moment présent n'existe pas. Vous pouvez avoir peur de ce que vous avez dit ou fait avant (ce qui vous a d'ailleurs poussé à faire un choix rapide), ou craindre les retombées de votre choix dans les secondes suivant votre décision, mais si vous êtes concentré sur l'instant présent… aucune crainte !

C'est un peu comme si vous proposiez à votre cerveau de faire un « reset », tel que vous le feriez avec un ordinateur. En pratiquant cette visualisation, vous éviterez de prendre une décision trop hâtive, sous le coup de l'émotion, au risque de la regretter après.

Accompagnée d'un travail sur la respiration, cette visualisation sera également utile pour maîtriser ce que l'on appelle la « peur de la peur », que vous connaissez peut-être si vous êtes phobique. Cette peur peut survenir parfois chez les personnes hyperréactives aux signes physiques de la peur. Je me souviens de quelqu'un qui avait peur de mourir dès que les battements de son cœur s'accéléraient.

VISUALISATION DE L'OBJET NEUTRE POUR STOPPER UNE PEUR

Cette visualisation tire son origine d'une méditation destinée à focaliser ses pensées sur un point ou un objet précis et à se recentrer sur le moment présent. Notre cerveau étant mono-tâche et ne pouvant pas se concentrer sur deux choses à la fois, le fait de visualiser un objet précis détournera votre mental de la peur qu'il est en train de générer.

Pour qu'elle fonctionne, il est important de visualiser un objet tout à fait neutre pour vous, c'est-à-dire avec lequel vous n'avez aucun lien particulier, pour ne pas remplacer une émotion par une autre. Je vous conseille de choisir un objet naturel comme un arbre, un rocher ou une fleur. En se concentrant sur cet objet auquel votre esprit n'attache aucun intérêt singulier, celui-ci va se relâcher et vous offrir un moment d'apaisement mental. Une mise au repos qui vous permettra de repartir sur une base de réflexion plus saine, sans émotion particulière.

- *Fermez les yeux et laissez venir à votre esprit l'image d'un élément naturel ou d'un objet avec lequel vous n'avez aucun lien affectif (pierre, arbre, fruit, fleur, mobilier, etc.), rien de trop personnel.*
- *Imaginez cet objet en face de vous et représentez-le-vous, le plus fidèlement possible, en visualisant son contour, son volume, sa densité, sa matière, etc.*
- *Imaginez-le à présent en 3D, sous tous ses angles, comme un hologramme. Imaginez-le tourner sur lui-même et portez toute votre attention sur ce que vous voyez. Imaginez-vous en train de le dessiner mentalement ou de le décrire à un peintre à vos côtés qui ne voit pas l'objet lui-même.*
- *Concentrez-vous dessus pour le rendre de plus en plus réel.*

Plus vous pratiquerez cette visualisation et parviendrez à vous concentrer sur cet objet sans intérêt particulier, plus vous serez capable de stopper rapidement un « emballement mental », source de nombreuses angoisses. En quelque sorte, vous remettez votre mental au « neutre ».

Cette visualisation constitue également un très bon entraînement pour améliorer la qualité de vos visualisations et votre capacité de concentration.

Avec une pratique régulière, vous serez surpris des résultats !

La peur, une émotion comme une autre ?

Pour commencer, comment le dictionnaire Larousse définit-il la peur ?

> *Sentiment d'angoisse éprouvé en présence ou à la pensée d'un danger, réel ou supposé, d'une menace. Appréhension, crainte devant un danger, qui pousse à fuir ou à éviter cette situation. Crainte que quelque chose, considéré comme dangereux, pénible ou regrettable, se produise. Crainte du jugement, des réactions de quelqu'un, qui fait qu'on adapte son comportement, qu'on obéit à certaines consignes.*

Comme nous pouvons le comprendre, la peur a de multiples visages et c'est ce qui la rend si présente dans nos vies.

La peur est une des quatre émotions de base, avec la joie, la colère et la tristesse. Certains ajoutent à ce quatuor de tête la surprise et le dégoût. Quoi qu'il en soit, la peur est un signal d'alarme important, et c'est l'émotion la plus archaïque. Cette émotion se déclenche lorsque nous sommes confrontés à un réel danger, à ne pas confondre avec l'anxiété, qui se développe à l'annonce d'un danger que l'on imagine ou que l'on anticipe mais sans réalité sur l'instant.

Et voici le principal écueil : pour des raisons que nous n'expliquons pas encore précisément, notre cerveau peut détecter des dangers… qui n'existent pas. Des dangers hypothétiques susceptibles de nous entraîner dans une spirale alarmante. En dehors de toute réalité tangible, notre cerveau traite malgré tout ces informations comme une menace et, sous l'influence de notre imagination, génère en nous des séries de ruminations perverses.

Non contrôlées, ces « pensées parasites », telles qu'on les dénomme, nous plongent dans une réalité parallèle sous influence où tout est analysé et interprété à travers le prisme de nos peurs. Tout devient alors menace ou danger.

Christophe André, psychiatre et spécialiste français de la psychologie des émotions, estime que la peur peut être considérée comme la mère de toutes les émotions douloureuses, en prenant comme exemple la honte qui émane de la peur du regard des autres (voir page 152) ou la colère inhérente à la peur de l'échec ou de l'humiliation (voir page 159).

Quand on évoque la peur, on se réfère également à l'inquiétude, à l'anxiété ou à l'angoisse. Si l'inquiétude se limite au stade de la pensée, l'anxiété génère également un sentiment d'inconfort physique, cette gêne pouvant se manifester au niveau cardiaque comme musculaire. Le stade ultime étant l'angoisse, qui se distingue par un sentiment de catastrophe imminente aux répercussions physiques et mentales à même de susciter de fortes crises de panique.

Si vous avez ce livre en main, vous devez connaître le problème de ces pensées de peur obsédantes, suffisamment conséquentes pour finir par vous rendre physiquement malade.

En pareil cas, il peut être utile de prendre du recul sur la situation qui vous entraîne dans une telle spirale éprouvante.

SÉANCE DE DÉCOMPRESSION PHYSIQUE ET MENTALE

Je vous propose d'apprendre une séance de visualisation de dix minutes, qui vous permettra de vous offrir un peu de repos mental dès que vous en éprouverez le besoin.

Cette séance consiste, dans un premier temps, à vous libérer de vos peurs ou de votre anxiété et des tensions physiques qu'elles génèrent, en les visualisant en train de se condenser dans une boule noire sur laquelle vous soufflerez afin de l'évacuer loin devant vous.

Puis, dans un second temps, vous serez amené à visualiser un lieu sans danger dans lequel vous allez retrouver durant quelques minutes un sentiment de calme et de tranquillité. Vous vous offrirez ainsi ce que l'on peut appeler une « séance de décompression physique et mentale ».

- *Prenez une position agréable et décontractez tout votre corps pour vous placer dans ce que l'on appelle « l'état Alpha » (voir page 104).*
- *Listez les pensées qui génèrent en vous angoisse ou peur, puis imaginez qu'elles se teintent de noir et qu'elles prennent la forme d'une boule facile à expulser par le souffle.*
- *Prenez une profonde inspiration par le ventre, bloquez votre respiration, poumons pleins, effectuez une légère tension de votre visage, puis expirez loin devant vous, en expulsant toutes ces pensées anxiogènes qui vous occupent la tête.*
- *Prenez un instant pour prendre conscience de cette libération de ces sensations désagréables. Recommencez autant de fois que nécessaire.*
- *Repérez à présent vos différents points de tensions au niveau corporel et réitérez l'exercice en crispant votre corps puis en le relâchant.*
- *Prenez un instant pour ressentir les sensations que vous éprouvez à ce moment même dans votre corps et profitez du relâchement qui s'y installe.*
- *Laissez à présent venir à votre esprit l'image d'un lieu dépourvu de tout danger et qui représente à vos yeux le calme et la sérénité.*

- *Une fois que celle-ci s'offre à vous, fixez-la dans votre conscience, en la détaillant avec tous vos sens.*
- *Ancrez mentalement la positivité et le calme que vous inspire cet endroit et diffusez cette sérénité dans tout votre corps, en expirant doucement...*
- *Prenez conscience des changements vécus et ancrés, autant dans votre corps que dans votre mental, grâce à ces exercices.*
- *Inspirez loin devant vous, revenez dans une respiration naturelle et revenez en état de veille.*

Il est important de comprendre que nous pouvons agir plus aisément et efficacement sur nos peurs personnelles, individualisées. Les peurs collectives sont plus difficiles à appréhender car elles évoluent ou se renforcent selon les tendances culturelles ou les événements. Peur du terrorisme, peur de la fin du monde (comme pour le passage à l'an 2000), peur d'une pandémie (Covid-19), peur des catastrophes naturelles, etc. En revanche, en cas de psychose sociétale, il est possible de travailler sur la prise de recul face à ces peurs. Cela ne changera pas la situation, mais vous changerez votre approche de celle-ci et ne tomberez pas dans des délires mentaux ou affabulations de toutes sortes.

Comme pour le stress, si nous ne sommes pas responsables des événements qui vont déclencher peur ou anxiété en nous, nous sommes responsables de la façon dont nous gérons ces événements perturbants et anxiogènes. Quels que soient notre âge, notre profession, notre situation ou notre degré de sérénité face aux événements de la vie, chacun garde toujours en lui une peur de quelque chose. Il est donc illusoire de chercher à éliminer totalement tout sentiment de peur, mais il s'avère salutaire d'apprendre à mieux les maîtriser, afin qu'ils ne deviennent qu'un élément de votre vie parmi d'autres, rien de plus. **Autrement formulé, transformez la montagne en cailloux !**

Comprenez, reconnaissez, acceptez et affrontez vos peurs

Apprendre à maîtriser ses peurs, c'est en premier lieu savoir comment elles naissent, les comprendre, différencier une peur « parasite » – ne reposant sur rien de concret et qu'il est nécessaire d'affronter – d'une peur « fondamentale »

– véritable outil de survie et qu'il sera plus juste de traverser. Dans les deux cas, évitez de culpabiliser, car vous n'êtes pas toujours à l'origine de ces peurs. Certaines d'entre elles se sont immiscées progressivement dans votre vie dès l'enfance, d'où l'importance de les reconnaître pour mieux les dépasser. Aujourd'hui, nous connaissons assez précisément le circuit cérébral de la peur, notamment au sein du « cerveau émotionnel » que nous partageons avec les animaux. Pour simplifier, nous pouvons dire que les informations signalant un danger ou la possibilité d'un danger sont transmises par nos cinq sens à l'amygdale cérébrale qui active une première réaction. Entrent ensuite en jeu diverses structures cérébrales, telle que l'hippocampe qui va analyser la situation en la comparant avec ce qu'elle connaît déjà et doser le danger en tenant compte de l'environnement. Par exemple : le serpent est-il dans un vivarium ou en liberté ? Dans le cas d'une phobie, cette comparaison contextuelle ne se fait pas et la personne prend tout au premier degré. Le cortex cérébral, de son côté, a pour rôle de réguler les réactions automatiques de peur et de trouver une réaction adéquate.

La crise de panique survient si, pour une raison ou une autre, l'hippocampe ou le cortex préfrontal n'assourdissent pas le signal d'alarme envoyé par l'amygdale.

Nous naissons tous avec le même sentiment de peur, ce sont les événements de la vie qui vont ensuite déterminer nos peurs. C'est pour cette raison qu'il est important de les reconnaître, afin de trouver un moyen de remplacer les ancrages anxiogènes du passé par de nouveaux ancrages positifs. Et, comme nous l'avons vu, dans ce travail impliquant la visualisation, la neuroplasticité est essentielle. Ce qui a été fait dans un sens peut être défait dans l'autre.

Pour commencer ce travail, je vous propose de commencer par exprimer vos peurs de la façon la plus concrète possible, en répondant à ces cinq questions :

Quelle est ma peur, de quoi ai-je peur exactement ?

....

....

....

....

....

Quelles sont les manifestations physiques de cette peur ?

....

....

....

....

....

Quelles sont les manifestations mentales de cette peur ?

....

....

....

....

....

Par quelle autre émotion positive aimerais-je remplacer cette peur ?

....

....

....

....

....

Que suis-je prêt à lâcher et à laisser derrière moi, si je me libère de cette peur ?

....

....

....

....

....

Comprendre nos peurs, c'est également reconnaître les mécanismes de défense que nous mettrons éventuellement en place et qui peuvent nous empêcher d'analyser objectivement une situation donnée. Car derrière une peur se dissimule toujours un réel besoin qu'il est essentiel d'extérioriser pour l'accepter et réagir en conséquence. Vous trouverez des ouvrages pour aller plus loin dans ce domaine, si vous le souhaitez, mais une des premières étapes est de faire concorder vos pensées avec vos paroles et vos actions. **Habituez-vous à être et à agir en accord avec ce que vous souhaitez pour vous-même, arrêtez d'effectuer ce qui ne fait pas sens pour vous et cessez de vous placer ou de vous considérer en victime.**

APPRENEZ À DIRE NON !

L'exercice suivant, mettant en action votre corps et votre esprit, peut vous aider à savoir dire non.

- *Placez-vous debout, les pieds dans l'alignement du bassin ou assis sur une chaise, le dos droit et fermez les yeux.*
- *Prenez trois grandes respirations et détendez-vous.*
- *Visualisez la personne à qui vous n'osez pas refuser quelque chose ou la situation anxiogène dont vous ne voulez plus.*
- *Soyez précis dans les détails (physiques, pour une personne, et environnementaux, pour une situation donnée).*
- *Une fois que vous êtes pleinement dans la sensation de vivre le moment, prenez une profonde inspiration et bloquez votre respiration.*
- *Commencez à tourner votre tête sur le plan horizontal, lentement, comme pour dire « non ».*
- *Voyez ce geste s'inscrire dans votre mental et prendre de plus en plus de place, et prenez conscience du sentiment de soulagement que ce « non » développe en vous.*
- *Regardez la personne dans les yeux avec bienveillance mais avec assurance.*
- *Puis soufflez en ramenant la tête dans sa position initiale.*
- *Marquez une pause pour inscrire les sensations positives que ce geste développe en vous.*
- *Recommencez cette visualisation autant de fois que nécessaire jusqu'à trouver normal de dire non dans cette situation.*

La période de confinement de 2020 lors de la crise sanitaire en a été une preuve. Ce qui effrayait la majeure partie de la population n'était pas de rester enfermé chez soi – certains en ont profité pour développer leur créativité –, mais le fait de ne pas savoir si la situation trouverait un jour une issue positive. L'incertitude et la méconnaissance d'un sujet génèrent des peurs irrationnelles, elles-mêmes à l'origine de croyances erronées suscitant à leur tour de nouvelles craintes créées de toutes pièces, le tout s'autoalimentant dans un cercle autodestructeur. Sans omettre la transmission systématique d'une émotion d'une personne à une autre. La peur entraînant la peur…

Les émotions nous permettent
de nous relier au monde comme
à nous-mêmes et sont en cela un lien
puissant qu'il ne faut pas négliger.

Nous avons vu que les peurs sont des émotions et, comme toutes les autres, elles transparaissent sans même que nous ayons besoin d'en parler. Une émotion envoie comme des « vibrations subtiles » autour de vous. Une personne qui a du charisme est une personne qui laisse transparaître un sentiment de confiance et de calme. Un sage n'a pas besoin de mot pour partager la sérénité qu'il a trouvée sur son chemin de sagesse tout comme une personne qui est dans la joie n'aura pas besoin de rire à gorge déployée pour transmettre sa joie de vivre. Si ces émotions et ces sentiments se ressentent de prime abord, il en est de même pour la colère, la tristesse et bien sûr la peur.

Je me souviens de M. D. venu pour apprendre à gérer ses peurs car sa vie était devenue un enfer. Il suffisait qu'il croise une personne inconnue et en colère dans la rue pour qu'elle s'en prenne à lui, même s'il était accompagné de plusieurs autres personnes. Il me racontait ainsi que, depuis quelques mois, il attirait les ennuis comme un aimant attire les objets en fer.

Vous avez sans doute déjà connu ce sentiment d'attirer des personnes agréables les jours où vous vous sentez en forme et positif, et des personnes désagréables les jours où vous êtes malade ou de mauvaise humeur. C'est une des conséquences de la « loi de l'attraction ». Ce concept fondé sur le fait que l'on attire à soi les événements sur lesquels on focalise son attention n'est pas nouveau, puisque cette théorie est née au XIXe siècle. « Tout est énergie et vibration », affirmait Einstein. Lorsque vous créez une pensée, vous envoyez son intention via les ondes (ou énergies) qui nous entourent. Comme le fait une onde radio, cette intention va entrer en résonance avec une autre onde sur la même fréquence. Et, une nouvelle fois, ce qui fonctionne dans un sens positif – la joie, la bienveillance, l'amour – fonctionne également dans un sens négatif – la rancœur, la colère, l'agressivité et donc les peurs. Une peur non maîtrisée se ressentira autour de vous et attirera en retour des agressions extérieures qu'il sera difficile de contrôler. Le meilleur moyen de vous en rendre compte, c'est de constater la différence de réaction d'un animal comme le chien ou le cheval face à une personne apeurée ou à l'inverse en confiance. Ils réagissent à l'instinct et en fonction des ondes que vous leur adressez.

La peur se nourrit de l'incertitude et de l'inconnu.

Cette phrase devrait selon moi être affichée en grand dans toutes les chambres des personnes qui se sentent angoissées, afin de leur permettre de comprendre l'importance de faire face à leurs peurs pour s'en libérer. Combien de peurs pourraient être maîtrisées avant de se transformer en phobies, par le simple fait de se renseigner sur un sujet ou une situation. Comme nous allons le voir plus loin, notre cerveau porte davantage attention aux situations négatives qu'aux situations positives que nous vivons. Le cercle vicieux des pensées anxiogènes se met en place plus facilement que nous imaginons et il est difficile de ralentir des peurs maintes fois répétées et ancrées. L'écueil, avec nos peurs, c'est qu'elles s'autoalimentent très rapidement. Une information préoccupante évoluera rapidement en catastrophe, amplifiée par le prisme de la peur. Il est important de réaliser qu'une peur devient phobie uniquement parce qu'elle a été entretenue par des pensées qui ne reposent la plupart du temps sur aucune vérité. Nourrie par une imagination fertile et utilisée à mauvais escient.

Faire face à vos peurs, c'est commencer à leur retirer toute énergie et à les laisser s'éteindre progressivement, à l'image d'une bougie. Sans votre main qui tient l'allumette ou le briquet pour allumer la mèche, celle-ci ne s'enflammera pas. Et même allumée, vous avez la possibilité de raviver sa flamme ou pas. Sans votre intervention, la bougie finira par s'éteindre et mourir d'elle-même, comme une peur qui ne serait plus alimentée. Bien sûr, il restera toujours quelque chose de cette bougie, ne serait-ce que de la cire coulée ou la base de celle-ci, mais ces restes ne représentent que cinq ou dix pour cent de la bougie initiale. L'idée ne sera pas de vous débarrasser totalement d'une peur, surtout si elle a une cause réelle, mais de parvenir à ce qu'elle n'occupe qu'une infime partie de votre cerveau, au même titre qu'un souvenir désagréable.

Affronter ses peurs et mettre en place des actions comme la visualisation pour les dépasser, c'est avoir un impact réel sur elle.

Voilà pourquoi, avant de vous proposer des visualisations créatrices pour gérer les peurs du quotidien, je vous propose une visualisation vous permettant de faire face à vos peurs quelles qu'elles soient, de façon symbolique, en suivant ce lien :

Dans le langage des pierres, l'améthyste est symbole de sérénité et permet de lutter contre le stress et les angoisses, c'est pour cette raison que je vous propose de vous imaginer dans une atmosphère violette durant la première partie de cette visualisation. Si vous le désirez et possédez une améthyste, vous pouvez la prendre avec vous et la poser sur votre plexus solaire durant cette pratique, si cela fait sens pour vous.

Ces distorsions cognitives qui entretiennent nos peurs

Un des moyens d'apprendre à maîtriser nos peurs est, selon moi, de comprendre plus précisément l'importance des distorsions cognitives sur notre vision du monde et donc leur importance dans la création de nos angoisses.

Dès notre réveil, nous devons affronter et analyser une réalité qui ne nous convient pas toujours ; il arrive alors que nous choisissions plus ou moins consciemment de déformer cette réalité, en espérant l'adoucir et ainsi mieux l'accepter. Généralement, ces « distorsions cognitives », telles qu'on les dénomme, nous acheminent vers des conclusions simplistes, voire complètement erronées, suscitant des angoisses profondes et renforçant nos peurs existantes. Qui n'a pas au moins une fois dans son parcours interprété comme du dédain, par exemple, la non-réponse d'un collègue à l'une de vos interrogations, entraînant chez vous une remise en question de vos valeurs personnelles et professionnelles ? Alors que celui-ci ne vous avait peut-être tout simplement pas entendu ou lu, lui-même plongé dans ses pensées et accaparé à résoudre un problème urgent.

Comprendre la stratégie que nous mettons en place permettra de réduire notre niveau d'anxiété. Cette stratégie mentale repose sur un triangle composé de :

- l'événement positif, négatif ou neutre ;
- des pensées automatiques résultant d'un monologue intérieur et interprétant l'événement ;
- des émotions qui découlent non pas de la réalité mais de la pensée.

Ces pensées erronées peuvent naître de plusieurs façons que je vous propose d'aborder maintenant.

L'interférence arbitraire

En tirant des conclusions hâtives et sans preuves : « Il ne m'a pas dit bonjour donc il ne m'aime pas. »

En croyant savoir ce que l'autre pense : « Je sais qu'il me trouve nul car il m'a serré la main sans me regarder. »

En émettant des prédictions pessimistes : « Je n'ai pas reçu de réponse à mon texto dans la minute : cette personne ne m'apprécie pas. »

La surgénéralisation

En tirant une conclusion arbitraire et systématique d'un événement unique, tout en se persuadant que la situation sera toujours identique et n'évoluera pas : « Je me suis fait larguer, donc personne ne voudra vivre avec moi et je finirai ma vie seul. »

Le filtre mental

En se focalisant sur un détail négatif, sans prendre en compte l'ensemble de la situation : se dire « stressé en permanence », quand le stress n'émane que dans le cadre de la collaboration avec un collègue, par exemple.

La personnalisation

En se croyant et s'affirmant responsable de tout : « Si cette convention – qui a duré deux jours – est un échec, c'est de ma faute car ma présentation – de cinq minutes – n'était pas à la hauteur. »

Maximalisation et minimisation

En maximisant la négativité ou en minimisant la positivité d'une situation : « Je n'ai pas su répondre à une question, donc j'ai loupé mon examen et je ne trouverai jamais de travail » ou « J'ai réussi mon examen, mais ce n'est pas grand-chose, je ne suis pas le seul ».

Le raisonnement émotionnel

En considérant que notre état émotionnel prouve l'existence d'une difficulté ou d'un problème : « Je suis découragé par tout le travail qu'il me reste à faire, je n'y arriverai jamais, alors à quoi bon continuer maintenant, je ferai cela quand j'aurai du temps. »

Le raisonnement dichotomique

En pensant que si tout n'est pas parfait, cela ne vaut rien : « J'ai réussi neuf épreuves sur dix, je suis vraiment nul. »

La disqualification du positif

En transformant tout ce qui est positif en négatif : « Oui, il m'a dit qu'il était fier de moi et que j'avais du talent, mais c'est qu'il n'a pas de point de comparaison, c'était pour me faire plaisir, rien d'autre. »

Les obligations à soi-même

En se fixant arbitrairement ou de façon illusoire des buts souvent irréalisables, en étant trop exigeant avec soi-même comme avec les autres – une porte grande ouverte à l'amertume : « Tout doit être toujours parfait car on ne sait jamais ce qu'il peut arriver. »

L'étiquetage

En portant des jugements définitifs vis-à-vis de nous-mêmes comme des autres : « C'est véritablement un idiot. »

Ces modes de fonctionnement sont à l'origine de nombreuses croyances limitantes (voir page 108).

Vous avez peut-être certains de ces réflexes, facteurs d'une forte anxiété qui nourrit elle-même vos peurs. Je vous conseille ainsi de relire ces distorsions cognitives et de déterminer les plus fréquentes dans votre comportement.

Après en avoir pris conscience, je vous propose de prendre du recul sur les situations qui génèrent en vous ces pensées erronées.

Savoir prendre du recul sur ses peurs avec la visualisation méta

La plupart de nos peurs proviennent de notre mental et donc de notre imagination. Nous créons souvent ces peurs de toutes pièces sur une base infime de vérité, en nous laissant entraîner par notre esprit dans une spirale anxiogène. De ce point de vue là, nous devons bien nous avouer que nous sommes forts pour créer des situations terribles à partir d'événements hypothétiques.

Ce qui est complexe et à la fois très efficace dans la pratique de la visualisation pour maîtriser ses peurs, c'est que nous utilisons le même canal que celui qu'elles empruntent pour se développer : notre imagination.

Savoir prendre du recul sur une situation identifiée comme potentiellement anxiogène pour vous (réflexions dévalorisantes, critiques, moqueries, indifférence, etc.) s'avère une des solutions permettant d'éviter le terrain glissant du fonctionnement primaire de nos pensées. Le genre de situation qui vous fait perdre tout discernement et que vous ressassez des jours durant après l'avoir vécue. **Pour maîtriser ces ruminations, terreau d'angoisses nocturnes et de peurs, savoir vous placer dans « la position méta » vous sera d'une grande aide.**

Si vous vous êtes intéressé à la PNL (programmation neurolinguistique) ou au coaching, cette expression ne vous est pas inconnue. Elle signifie « prendre une position de recul face à une situation donnée » et implique une notion de détachement.

Je reconnais qu'il n'est pas facile de changer de regard sur le monde qui nous entoure et encore moins sur nous-mêmes.

Pourtant, ce changement est un des socles de la maîtrise de nos peurs car il n'est pas rare de constater que, une fois installée, une peur ne disparaît pas aisément, même si la même situation se présente plusieurs fois. On pourrait penser que ce qui vous a effrayé une fois n'aura pas d'emprise sur vous une seconde fois si les conditions sont les mêmes, et pourtant si. C'est bien là toute la difficulté avec les peurs – et l'intérêt de cet exercice.

Le principe est de vous faire revivre la même scène, mais en spectateur. Se voir en train de vivre une situation précise est ce que l'on appelle en coaching « la position méta » ; de mon côté, je préfère parler de « position du témoin », pas tout à fait partie prenante de la situation mais pas totalement étrangère non plus. Je trouve cette approche ludique pour votre cerveau, car vous répondez à un automatisme de curiosité que nous avons tous, comme lorsque nous souhaiterions être derrière une porte ou dans un trou de la fameuse petite souris pour entendre ce qui se dit.

Ce mode de visualisation va vous permettre de prendre du recul sur la façon dont vous avez réagi face à une situation donnée, de percevoir combien votre angoisse était parfois disproportionnée et de trouver ainsi une autre façon d'agir dans le futur.

En devenant spectateur de la scène, vous créerez dans votre cerveau une dissociation qui aura pour effet bénéfique d'affaiblir votre peur, en comprenant les rouages que votre mental a mis en place à ce moment. Cette prise de recul vous offrira un autre regard sur vous-même.

Ainsi plus détaché quant à la situation donnée, vous pourrez imaginer comment réagir la fois suivante, afin d'éviter d'entrer dans la spirale de l'angoisse. Il est possible, dans certains cas, que vous réalisiez combien votre réaction était disproportionnée face à la réalité des faits. Il peut être parfois également utile de « ridiculiser » votre peur, afin d'amoindrir son emprise sur vous.

PRENEZ DU RECUL SUR VOS PEURS

En prenant « physiquement » ce recul, vous allez vous rendre compte que vous auriez pu réagir autrement, ou que ce qui vous faisait peur n'était pas si terrible que cela, en fin de compte.

Il se peut même que vous envisagiez des solutions auxquelles vous n'auriez jamais pensé jusqu'à présent.

- *Prenez une position agréable et décontractez tout votre corps pour vous placer dans ce que l'on appelle « l'état Alpha » (voir page 104).*
- *Visualisez une situation source fréquente d'angoisses dans votre sphère personnelle ou professionnelle, ou la première fois où une angoisse vous a pris suite à un événement particulier : moquerie, échange de mots, trou d'air en avion, etc.*
- *Laissez remonter à votre mémoire ce moment précis.*
- *Visualisez la situation à son origine, avant même que les pensées anxiogènes se forment.*
- *Visualisez les lieux, tous les protagonistes de la scène. Concentrez-vous sur les couleurs, les odeurs, les bruits, revivez la scène comme vous vous en souvenez.*
- *Observez cet événement en tant que spectateur.*
- *Déplacez votre regard à quelques mètres de vous-même et de vos interlocuteurs, à une distance qui vous semble suffisamment confortable pour bien voir tout en restant en sécurité mentalement.*
- *Prenez le temps d'observer sans bouger et « repassez » la situation.*

Si à un moment l'angoisse se réveille, pratiquez l'exercice en page 135, afin de ne pas la revivre pendant cette visualisation, et prenez encore mentalement du recul pour vous placer en sécurité.

- *Une fois que vous avez une vue globale de la situation et que vous comprenez le point de départ de vos angoisses, ouvrez les yeux en restant dans le même état et répondez à ces questions :*
  - *La situation est-elle si grave que cela ?*
  - *Ma peur est-elle adaptée à la situation ou aux mots échangés ?*
  - *Comment réagit mon corps ?*
  - *Quelle est la partie de mon corps montrant que je vis mal la situation ?*
  - *Quel est le mot ou le geste qui a suscité une pensée anxiogène ?*
  - *À quel moment le sentiment d'angoisse est-il arrivé ?*
  - *À quel moment ai-je commencé à interpréter ce qui s'est réellement passé ?*
  - *Quelle est la réalité de la situation ?*
  - *Que puis-je mettre en place pour éviter de laisser l'angoisse m'envahir la prochaine fois ?*
  - *Quelle serait la réaction appropriée ?*
- *Revenez en état de veille.*

Cette prise de recul sur la situation qui génère en vous de l'anxiété ou des peurs vous permettra de changer votre façon d'interpréter une situation donnée. Une fois revenu à l'état de veille, je vous invite à continuer à relativiser la situation et à ancrer en vous le nouveau comportement que vous décidez de mettre en place dès aujourd'hui.

Donnez un visage à vos peurs

Une solution pour prendre du recul sur nos peurs est de lui donner un visage, une identité. De nombreuses personnes souffrant de maladies graves utilisent cette visualisation créatrice pour avoir un adversaire à combattre ou à qui parler. Cela permet de limiter les exagérations de notre mental. Dans le cas d'une tumeur, cela permet de la localiser dans le corps et de la limiter dans l'espace au lieu de penser que tout notre corps est atteint. Cette façon de visualiser « le mal » permet de prendre conscience que le reste du corps est sain et de rester objectif sur la maladie.

VISUALISATION DU FARFADET

Je vous propose ici une visualisation que j'ai créée il y a quelques années pour travailler autour des idées parasites, responsables de nombreuses peurs. L'idée étant d'identifier ces peurs sous forme de petits « farfadets ». Vous savez, ces petites créatures fantastiques, plus malicieuses que méchantes et qui savent être aussi gentilles que méchantes, à l'image de nos pensées qui peuvent nous faire grandir ou nous détruire. Vous allez, après leur avoir donné une réalité mentale, les imaginer au-dessus de votre épaule en train de dévorer vos pensées négatives et anxiogènes, puis les voir s'éloigner avec celles-ci. En donnant un visage et une forme à ces pensées, vous allez pouvoir les maîtriser plus rapidement.

Avant de mettre en pratique cette visualisation, je vous propose de définir la couleur qui, à vos yeux, représente la peur.

- *Placez-vous dans l'état Alpha.*
- *Retrouvez votre regard d'enfant et visualisez à la lisière d'une forêt un personnage fantastique, une sorte de gnome espiègle que l'on appellera « farfadet ».*
- *Prenez le temps de bien l'imaginer dans les moindres détails et imaginez-le de la couleur que vous avez choisie pour représenter vos peurs. Vous pouvez l'habiller de cette couleur ou le visualiser entièrement de cette couleur.*
- *Prenez le temps de bien le créer dans votre esprit, il sera le représentant de vos peurs à compter de ce jour. Imaginez sa taille et sa corpulence, son visage, son allure générale. Soyez le plus précis possible. Une fois que vous avez trouvé ce personnage, imaginez-le en train de se nourrir de toutes vos peurs et pensées anxiogènes actuelles.*
- *Identifiez-le comme le représentant de vos peurs, et dites-vous qu'aucune d'entre elles ne peut lui échapper.*
- *Puis, laissez-le s'éloigner en emportant avec lui ce premier « paquet » si lourd à porter.*
- *Prenez conscience de votre soulagement d'avoir cerné et concentré vos peurs en un seul personnage et de pouvoir à présent prendre de la distance avec elles et de vous permettre de vous sentir sur le moment un peu plus serein et calme.*

- *Revenez en état de veille.*

Une fois créé, je vous propose de faire revenir ce « porte-parole de vos peurs », à chaque fois que vous voulez stopper dans l'œuf le cycle des idées anxiogènes, en lui confiant votre peur afin qu'il s'enfuie avec au loin.

PARTIE 2

COMMENT RÉUSSIR VOS VISUALISATIONS

Avant d'utiliser la visualisation créatrice pour maîtriser vos peurs, il est important d'avoir confiance en votre capacité à visualiser, au risque, dans la durée, d'ajouter une peur à celle déjà présente : la peur du « cela ne marche pas » ou du « je ne sais pas faire ». Je vous propose dans cette partie 2, de suivre une méthodologie pour réussir vos visualisations, avant de passer à la pratique proprement dite.

Après cette première partie, vous comprenez pourquoi tout le monde peut obtenir de bons résultats en visualisant, et pourquoi cela nous place dans un état idéal pour atteindre un objectif précis et insuffler une nouvelle direction à notre vie. Il s'agit parfois de changer tout un système de pensées ancré depuis des années, voire des décennies. Avouez qu'il est normal que cela nécessite davantage que quelques minutes une fois de temps en temps !

Comment avoir de bons résultats si, au fond de vous-même, vous n'êtes pas entièrement convaincu de la pertinence de la visualisation ou de votre capacité à maîtriser vos peurs ? Nous verrons d'ailleurs l'importance de l'intention pour tout travail avec le mental, lors de l'une de ces trois étapes que je vous propose d'aborder maintenant :

- **Étape 1** : connaître les techniques de bases
- **Étape 2** : dépassez vos freins et accédez à la réussite
- **Étape 3** : créez vos propres visualisations

ÉTAPE 1 : CONNAÎTRE LES TECHNIQUES DE BASE

Les affirmations positives ou mantras

Les mantras sont des phrases positives, des formules que l'on va répéter pour ancrer un message dans le cerveau. C'est un élément essentiel dans la pratique de la visualisation.

Je sais que, pour certains, il semble étrange que ces phrases répétées puissent influencer notre cerveau. Pourtant nous avons déjà eu l'occasion de voir comment nos pensées influencent notre vie ; ce procédé est en quelque sorte un moyen de « diriger nos pensées dans un sens constructif ».

Nous avons tous un dialogue intérieur plus ou moins intense. Vous savez, ces questions que l'on se pose avant de passer à l'action, avant d'acheter quelque chose ou de rencontrer quelqu'un. Avouez que vous avez même parfois du mal à canaliser ce flux de pensées.

Ces affirmations positives répétées vont entrer en résonance avec l'inconscient, autant par leur sonorité que par leur signification et diriger vos pensées vers la même intention. Ces mots choisis avec attention seront d'une grande utilité dans vos visualisations car ils permettront d'ancrer un message bienveillant, sans passer par le mental, en lieu et place des pensées réductrices et anxiogènes.

Dans le cas de l'anxiété, par exemple, les phrases automatisées – généralement dévalorisantes ou offrant une vision pessimiste de l'avenir – qui hantent notre esprit, renforcent le sentiment d'insécurité et de peur. Le fait de les contrer par des mots d'encouragement et de valorisation vous permettra de changer vos ressentis. La création d'une affirmation positive est assez simple, même si chacun des mots employés doit avoir du sens pour vous : il s'agit de repérer le message négatif véhiculé par votre peur et de le reformuler positivement.

- **Créez des affirmations fortes, sans pour autant vous mentir à vous-même,** telles que : « Je suis sur la bonne voie », « Cela va de mieux en mieux », « Je prends le contrôle de mes peurs », « J'ai confiance en moi », « Je vis maintenant en accord avec moi-même », « Les gens me trouvent intéressant car je dis des choses intéressantes », etc.

Si vous lisez attentivement ces quelques exemples, vous remarquerez qu'ils sont tous au présent. Ce détail est très important pour une affirmation. Votre cerveau doit comprendre la force de votre conviction. Bannissez donc le futur qui, même s'il est espéré, reste hypothétique.

- **N'employez donc jamais l'expression « Je souhaite… » ou « J'essaye… »** car vous donnez l'information à votre inconscient que vous avez la possibilité de ne pas réussir.

Pour vous aider, vous pouvez respecter ce que j'appelle la règle des « 3 C » :

Clair
Concis
Concret

Soyez direct. Vous n'écrivez pas un roman ! Vous devez envoyer un message clair à votre cerveau qui, pour rappel, ne reconnaît pas le négatif. Évitez les phrases comme « Je n'aurai plus peur » ou « Je n'aurai pas de problème » et préférez, comme nous avons déjà vu : « Je suis en confiance » ou « Je suis en sécurité » et « Tout se passe bien ».

Ne vous sentez pas limité quant à la longueur de votre affirmation, mais rappelez-vous que plus votre message sera concis, plus il sera fort et plus votre mental l'enregistrera profondément. Allez droit au but !

Souvenez-vous toujours que le cerveau a besoin de répétition pour enregistrer les nouvelles informations. Et cela peut parfois prendre du temps car une peur peut en cacher une autre. Ne baissez pas les bras, et créez une affirmation positive par peur, jusqu'à en être libéré.

Vous pouvez formuler ces affirmations dans votre tête ou à voix haute. À voix haute, vous pouvez augmenter leur efficacité en les prononçant face à un mur, un miroir ou une feuille de papier que vous incurvez afin que le son revienne à vos oreilles. Vous ancrerez ainsi le message via votre canal auditif également.

N'ayez pas peur des pensées contraires susceptibles de surgir au moment où vous formulez vos affirmations positives. Refouler ces pensées reviendrait, comme pour des pensées négatives, à les renforcer. Laissez-les donc traverser votre esprit puis reformulez votre affirmation positive afin que cette dernière soit celle que vous allez retenir.

Enfin, ayez à l'esprit que ces mots ont une véritable influence sur votre vie. Croyez en eux, choisissez-les dans votre vocabulaire usuel. Faites que ces affirmations engendrent en vous des sentiments, elles n'en seront que plus puissantes.

Nous avons désormais accès à de nombreuses citations de sages de toutes parts, que vous pourriez avoir envie de reprendre à votre compte. Pourquoi pas ? Mais reprenez une affirmation positive connue, uniquement si elle convient à votre situation. Nous sommes tous différents et une affirmation fonctionnant pour l'un ne sera pas forcément efficace pour l'autre…

INTÉGREZ VOTRE MANTRA

Voici une technique de visualisation qui vous permettra d'ancrer une formule positive dans votre esprit, en utilisant votre corps. Avec une pratique régulière, vous constaterez de vrais changements, selon le mantra que vous aurez visualisé.

- *Créez votre affirmation positive ou votre mantra.*
- *Prenez trois grandes respirations et placez-vous dans un état de décontraction pour favoriser l'ancrage.*
- *Visualisez votre mantra en face de vous (pour vous aider, vous pouvez vous imaginer en train de l'écrire sur le sable, sur un tableau, etc.).*
- *Inspirez par le ventre, retenez votre respiration, inscrivez ce mantra dans votre esprit, puis expirez doucement pour ancrer ces mots dans votre tête.*
- *Prenez conscience de la force de ces mots et de la positivité qui en émane.*
- *Prenez conscience des modifications que ces mots engendrent en vous.*
- *Visualisez-vous avec cette nouvelle énergie en vous (plus en paix, en confiance, serein, entouré, fier, joyeux, etc.).*
- *Visualisez la position de votre corps après ces changements positifs.*
- *Recommencez une nouvelle fois en inscrivant ce nouveau comportement dans votre esprit, puis expirez doucement pour ancrer ces changements positifs.*
- *Recommencez autant de fois que souhaité.*
- *Terminez en programmant le maintien de cette nouvelle énergie positive, et répétez plusieurs fois votre nouvelle affirmation en l'inscrivant dans le temps.*
- *Exemple : « Je suis fier de moi pour toute la journée. »*
- *Revenez en état de veille et prenez conscience de cette nouvelle énergie.*

Si votre mantra concerne votre santé, vous pourrez inscrire l'intention et l'énergie de ces mots lors de la visualisation « Peur de la maladie » en page 158. Cette visualisation combine la puissance de la visualisation et celle des mots.

Une fois que vous commencerez à noter des améliorations dans votre façon d'envisager la vie, et avant de repartir avec un nouvel objectif, pensez à vous féliciter.

C'est aussi cela, développer l'optimisme. Prenez conscience d'avoir réalisé quelque chose d'important pour vous et rappelez-vous que nombreux sont ceux qui n'ont pas le courage d'entreprendre le travail que vous avez déjà effectué.

! La prise de conscience est importante, une fois votre objectif atteint. La réussite n'est ni banale ni anecdotique, elle est le fruit de votre travail mental et, si vous avez réussi, c'est grâce à vous. Répétez-vous des affirmations positives telles que : « J'y suis arrivé et j'en suis fier », « J'ai fait un très bon travail », « Je dois cette réussite à moi et à moi seul », « Je peux faire confiance à mon cerveau », « Je suis plus fort que mes peurs », etc.

Soyez dans la gratitude et la reconnaissance quant au résultat obtenu.

L'intention

Je suppose que vous avez déjà entendu cette phrase : « On récolte ce que l'on sème », après avoir subi un revers suite à une action que vous regrettez. Derrière son côté simpliste, c'est un bon début pour comprendre l'importance de l'intention. Cette notion dépasse d'ailleurs largement le cadre de la visualisation créatrice. Elle est le socle de toute réussite dans tous les domaines.

Avez-vous remarqué que, lorsque vous êtes en bonne disposition pour accomplir une tâche, vous la réussissez plus aisément que si une personne ou une situation vous oblige à la réaliser ?

> Avoir la bonne intention, c'est mettre toutes les chances de son côté pour atteindre son objectif.

Vous avez en vous plus de pouvoir que vous ne l'imaginez. Si, par la simple force de la pensée, vous ne pouvez pas faire venir à vous des objets, vous avez en revanche le pouvoir d'attirer vers vous des événements et des résultats. Plus exactement, vous pouvez vous placer dans un état qui vous permettra d'attirer à vous ce que vous voulez. C'est le principe de la loi de l'attraction. Combien de fois avez-vous entendu des histoires de personnes qui se sont sorties de situations désespérées par la force de leurs pensées ? Elles y ont cru, elles avaient la juste intention. Si elles y sont parvenues, vous aussi, vous pouvez vous libérer de vos peurs.

Imaginez un sportif qui se dirait avant de participer aux Jeux olympiques : « Allons-y toujours, après tout, je n'ai rien à perdre mais bon, je ne suis pas assez fort pour gagner… » ou un dirigeant de société qui, avant une réunion avec le « comex » pour racheter une autre compagnie, se dise : « Je n'ai pas beaucoup de chance mais voyons toujours », pensez-vous qu'ils réussiront dans leur projet ? Non, évidemment, leur tentative est d'avance vouée à l'échec. Le sportif ne saura pas aller puiser dans ses forces mentales et physiques pour se qualifier et l'homme d'affaires ne saura pas être suffisamment convaincant pour atteindre son objectif.

Maintenant, imaginez ces mêmes personnes dans un contexte identique pensant juste avant de passer à l'action : « Je me suis très bien entraîné, je suis prêt pour la qualification » ; « Ce rachat est une grande chance pour la société, les études montrent que nous pouvons dépasser les difficultés que nous allons devoir affronter, c'est une chance que je ne laisserai pas passer ».

Autre intention, autre résultat.

Ce sportif saura aller chercher toutes ses ressources et mettre à profit ses heures quotidiennes d'entraînement, quand le directeur saura trouver les mots pour convaincre ses associés.

Rien n'a changé, sauf l'intention de chacun d'eux, et donc leur énergie.

Everything is energy and that's all there is to it.

« Tout est énergie et c'est tout ce qu'il y a à savoir. »

Albert Einstein

Comprendre que l'énergie est partout en nous et autour de nous permet de mieux comprendre comment nos pensées peuvent influencer nos actions et notre réalité. Notre monde est une somme d'énergie. Ne vous est-il jamais arrivé, par exemple, lors de promenades dans la nature ou en forêt, de ressentir des picotements ? Rien de bien désagréable, mais un sentiment que quelque chose vous traversait ? Notre monde est un champ d'énergie dans lequel nous avons notre place. D'ailleurs, nous l'exprimons régulièrement à travers notre langage : « Je n'ai pas d'énergie, aujourd'hui » ou « Tu as vu, il a une belle énergie sur scène » ou encore « J'aime l'énergie que cette personne dégage, et toi ? »

Ces différentes énergies se font ressentir de différentes façons, de la plus subtile à la plus dense, et interagissent chaque seconde entre elles, nous entraînant dans leur mouvement. La pensée est ainsi une énergie subtile qui a l'avantage de pouvoir se modifier assez facilement et c'est cette particularité que nous utilisons tous les jours pour vivre. Avant de donner le premier coup de ciseau, le sculpteur visualise son œuvre dans le bloc de marbre. L'intention précède toujours l'action ; elle crée l'image qui, à son tour, crée la réalité. Avoir l'intention de faire quelque chose avant la mise en pratique va diriger et concentrer toute votre énergie vers la réalisation de cette tâche. Ce qui n'était qu'une idée va se manifester dans la réalité, poussée par votre intention.

Souvenez-vous de toutes ces fois où vous vous êtes laissé emporter par vos peurs, et voyez ce que cela a donné. Imaginez maintenant la même situation avec une intention différente. Le résultat n'aurait-il pas été lui aussi différent ?

Lorsque, sous l'emprise de la peur, nous nous laissons emporter par des pensées négatives, nous attirons à nous les situations que nous voulions justement éviter à tout prix. A contrario, si vous développez des pensées positives à l'égard de votre vie et de vos capacités à dépasser et à maîtriser vos peurs, vous attirerez à vous des comportements nouveaux car « l'énergie » que vous dégagerez sera différente.

L'intention permet de canaliser vos pensées dans une direction précise et d'intensifier les résultats.

Il est donc indispensable d'aborder ce travail de visualisation avec l'intention de réussir, en confiance, sans préjugé négatif ni sur la méthode, ni sur vos capacités, conscient que votre démarche fait sens pour vous.

On ne réussit que ce que l'on aime ! La force de l'intention vient du cœur. Tout le monde sait cela et pourtant combien tentent de réussir dans une activité qu'ils n'apprécient pas, en s'étonnant que cela ne fonctionne pas !

Alors, ayez l'intention juste, celle qui vient du cœur, et vous verrez que vous réussirez vos visualisations.

Le lien entre le corps et l'esprit

Nous savons aujourd'hui que, tout en étant deux entités différentes, notre corps et notre esprit sont très fortement liés. Comprendre cette interaction est une des clés pour obtenir de bons résultats avec la visualisation créatrice.

Quand j'évoque le corps, je l'appréhende dans sa globalité, pas uniquement via son enveloppe extérieure. Nos organes, nos cellules et tout ce qui compose ce « véhicule » qui nous permet de nous mouvoir et de vivre. Nous infligeons trop souvent à notre corps, et au détriment de notre santé, de nombreux traumatismes en réponses à de pseudo-injonctions sociétales et autres stéréotypes de beauté extérieure auxquels nous tentons de le faire ressembler.

L'approche du corps selon la médecine traditionnelle chinoise est très intéressante, car elle estime que nos organes sont tous interconnectés et que, pour être en bonne santé, il est nécessaire de traiter l'ensemble du corps et non uniquement l'organe fatigué. Cette appréhension globale permet d'être davantage à l'écoute des messages que notre corps envoie à notre esprit pour demander de régler une douleur physique, source d'angoisse ou de peur.

De nombreuses maladies se développent faute de communication entre notre corps et notre esprit. Un état de mal-être est souvent le reflet d'une tension, d'un stress incontrôlé, ou d'un manque d'harmonie dans l'ensemble du corps. Comme une peur, une maladie peut être perçue comme un signal d'alarme nous permettant de faire le point sur ce que nous vivons et ce qui ne nous convient plus, nous pèse, nous rend malade et nous épuise.

La visualisation créatrice va nous permettre de recréer du lien entre notre corps et notre esprit, grâce aux messages que nous allons transmettre à notre corps sous la forme d'images mentales. C'est pour mieux rétablir cette connexion que je vous proposerai avant toute visualisation de vous placer dans un état de détente profonde.

L'utilisation de visualisations permettra d'apporter une réponse concrète au corps. Catherine Kerr, une chercheuse de l'université de Brown aux États-Unis, a mis en évidence le lien entre la concentration sur un membre de notre corps et la diminution d'une douleur dans le membre concerné. Ce qui signifie que se concentrer ou méditer en conscience sur une partie de notre corps a pour effet d'en réguler les ondes alpha. Par exemple, si vous portez votre attention sur votre main, les ondes alpha baissent dans la zone du cortex correspondant à cette même main. Je propose d'ailleurs, à destination des personnes souffrant d'hypocondrie, une visualisation pour retrouver confiance en son corps (voir page 158).

LAISSEZ VOS PEURS DERRIÈRE VOUS

Afin de mettre en pratique ce lien entre le corps et l'esprit, voici un exercice permettant de laisser derrière vous vos peurs ou vos idées anxiogènes qui, en se multipliant, accroissent vos angoisses.

Cette variante d'un exercice de sophrologie et d'autohypnose sera très efficace si vous le transformez en rituel et le pratiquez dès que vous sentez un mal-être pointer en vous.

Dans le monde occidental, la gauche représente le passé et le côté droit l'avenir. Nous allons utiliser cette croyance pour affaiblir la puissance de vos peurs. Pour ce faire et vous préparer à effectuer cet exercice, je vous invite à identifier une peur puis à déterminer l'affirmation positive par laquelle vous souhaitez la remplacer à la fin de l'exercice. Par exemple : peur de présenter un projet en public : j'ai confiance en mon travail ; peur de décevoir : j'ai confiance en mes capacités ; peur de dire non : je décide de mes limites et je m'écoute.

À vous de choisir le sujet qui vous intéresse aujourd'hui.

- *Placez-vous debout les pieds dans l'alignement du bassin, les yeux ouverts.*
- *Identifiez une peur ou un sujet anxiogène, puis la pensée positive que vous projetez d'utiliser en remplacement.*
- *Inspirez par le nez, tout en gonflant le ventre et en levant le bras gauche, le pouce tendu vers le haut jusqu'à hauteur du regard.*
- *Visualisez cette peur ou cette pensée anxiogène sur votre pouce (imaginez-vous coller une étiquette dessus, ou avoir votre farfadet de peur assis dessus, si cela peut vous aider).*
- *Retenez votre respiration et déplacez votre pouce sur votre gauche, lentement, en le suivant du regard et voyez-le progressivement disparaître derrière vous. Lorsque vous ne pouvez plus aller plus loin avec votre bras, expirez en laissant votre bras redescendre normalement le long de votre corps et tournez la tête pour qu'elle revienne dans sa position initiale, le regard face à vous.*
- *Continuez d'imaginer cette peur ou ces pensées se perdre derrière vous, perdre son influence sur vous et disparaître de votre esprit.*
- *Réitérez l'exercice plusieurs fois si nécessaire, avant de terminer en répétant votre affirmation positive, tout en la visualisant devant vous.*

L'ancrage

Ancrer une pensée signifie l'inscrire au plus profond de son cerveau. Nous faisons des ancrages depuis l'enfance, sans même nous en rendre compte. Versant positif, cela peut être une musique sur laquelle vous avez rencontré l'amour et qui vous rappellera toujours un bon souvenir lorsque vous allez la réentendre ; et puisque ce qui fonctionne dans un sens fonctionne dans l'autre, il existe aussi des ancrages négatifs comme dans le cas d'un choc important qui reviendra automatiquement à votre esprit dès que vous vous trouverez dans la même situation. Un ancrage agit comme un catalyseur qui permettra de passer d'un état à un autre instantanément.

Avec la visualisation, nous allons utiliser cette notion d'ancrage positif et en ayant recours à nos cinq sens : la vue, l'ouïe, le toucher, l'odorat et le goût. Évidemment, comme pour la visualisation, il est nécessaire de pratiquer régulièrement pour avoir de bons résultats. Si on n'entretient pas un ancrage, il perdra de son efficacité. Plus vous le renforcerez lors de moments positifs, plus il fonctionnera rapidement. Une fois que vous en aurez fait un automatisme, vous pourrez revenir beaucoup plus rapidement et efficacement dans l'énergie positive que vous aurez installée en remplacement de vos peurs. Savoir que vous disposez ainsi d'un outil efficient et utilisable à tout moment vous rassurera par ailleurs.

UN BONHEUR QUI DURE TOUJOURS

Je vous propose donc de vous entraîner, dès que vous vivez un moment paisible et agréable, un de ces moments de bonheur et de sérénité que l'on aimerait faire durer toujours. L'ancrage va vous permettre de conserver les émotions que vous ressentez à ce moment précis et de pouvoir les revivre quand vous le souhaiterez.

- *Convenez d'un mouvement avec vos mains et vos doigts que vous n'utiliserez que pour cet ancrage : pouce-index, pouce-majeur, pouce sur le côté de votre index, etc. (Vous pouvez effectuer autant d'ancrages que vous le souhaitez mais choisissez un geste signal différent pour chaque état recherché.)*
- *Prenez trois grandes respirations et placez-vous dans un état de décontraction pour favoriser l'ancrage.*
- *Remémorez-vous une activité ou un moment très agréable, qui vous a plongé dans un état de sérénité, sans aucune peur ou angoisse.*
- *Visualisez tous les détails de ce souvenir (émotions, visages, bruits, couleurs, odeurs, etc.) et ressentez les émotions qui vous traversaient à ce moment précis.*
- *Tout en continuant à visualiser ces moments positifs, effectuez le geste signal choisi auparavant.*
- *Fermez les yeux ou regardez un point fixe devant vous, inspirez pour ancrer ces émotions positives à ce geste précis puis expirez et stoppez votre geste.*
- *Revenez dans une respiration calme et recommencez plusieurs fois, pour bien associer ce geste à l'émotion que vous avez choisie.*

Pour vous entraîner, il vous suffit de réitérer le même geste à chaque fois que vous serez dans l'état émotionnel que vous souhaitez ancrer : quand vous réussissez quelque chose, quand vous êtes serein, quand vous êtes joyeux, quand vous êtes en confiance, etc. Une fois ancré, dès que vous referez en conscience ce geste, votre cerveau saura retrouver en quelques secondes l'émotion positive qui lui est associée. Il est nécessaire que cela devienne un réflexe, un automatisme.

Une fois bien ancré, vous pourrez refaire ce geste pour stopper la montée d'une angoisse ou limiter une peur.

La répétition et l'entraînement

J'aime rappeler les propres mots d'Élisabeth II, à propos de son travail : *It's all to do with the training: you can do a lot if you're properly trained* (« Cela à tout à voir avec l'entraînement : on peut faire beaucoup si l'on est correctement entraîné. »)

> Quels que soient vos doutes sur vos capacités, vous pouvez tout réussir avec de l'entraînement et de la répétition.

Toute nouvelle information arrivant dans le cerveau crée de nouvelles connexions que l'on appelle des « trajets neuronaux ». Il est donc plus facile de suivre un chemin déjà créé mentalement pour réussir une action dans la réalité. **La technique est relativement simple, elle consiste à vous remémorer régulièrement vos visualisations, au cours de la journée, lors de méditations ou avant de vous endormir.** Plus vous les répéterez, plus les résultats seront probants. Au début, vous serez sans doute motivé mais, contraintes du quotidien obligent, cette motivation peut bien souvent diminuer. C'est tout à fait normal. D'où l'idée de vous réserver dans la journée des « plages de visualisations » comme vous prenez du temps pour déjeuner ou vous brosser les dents. Prenez l'habitude de vous concentrer régulièrement sur vos images mentales, afin que cela vous demande de moins en moins d'efforts. Soyez modéré. Ne commencez pas trop activement, au risque de vous en écœurer au bout de quelques semaines et de réduire rapidement votre travail à néant.

Bien souvent, une peur survient suite à un choc ou un traumatisme, malgré de nombreuses années vécues sans aléa. Cela peut être le cas pour la peur de l'avion, par exemple. Je me souviens d'un client qui avait fait des milliers d'heures d'avion pour son travail et qui, après un éprouvant trou d'air et une grosse frayeur, ne pouvait plus s'asseoir dans une cabine sans avoir des montées d'angoisse paralysantes. Son cerveau avait comme oublié toutes ces années de vols agréables et sans encombre pour ne retenir que ce moment traumatisant. La répétition des visualisations a permis d'estomper progressivement ce moment anxiogène et son emprise et de faire ressurgir tous les bons moments.

Aujourd'hui, le choc de ce moment ne s'est pas effacé, mais il est devenu un souvenir parmi tant d'autres et l'angoisse invalidante qui le tétanisait est remplacée par une appréhension parfaitement gérable.

Comme nous l'avons déjà évoqué, changer un comportement nécessite du temps : transformer un « chemin neuronal » en « sillon neuronal » se fait progressivement avec de l'entraînement.

Certains pensent qu'il faut vingt et un jours pour changer une habitude, tandis qu'une étude réalisée en 2009 par Philippa Lally et son équipe de chercheurs en psychologie à l'University College de Londres montre qu'il faudrait environ soixante-six jours pour assimiler un nouvel automatisme. Aujourd'hui, de plus en plus de spécialistes considèrent qu'il est quasi impossible de chiffrer notre capacité de changement, au risque de se décourager prématurément.

Pour ma part, je vous conseille donc de vous entraîner quotidiennement sans attente particulière.

Pour faciliter ce travail, je vous propose d'avoir recours à des visualisations flash. Ce sont des visualisations courtes, que vous pourrez pratiquer quand et où vous le souhaitez entre les séances de visualisations plus complètes que vous effectuerez chez vous en état Alpha. Ces visualisations flash seront des aides concrètes et précieuses en cas de panique. Elles ne doivent pas dépasser vingt secondes. Imaginez créer un résumé de votre visualisation en n'en conservant que l'essentiel. Pour cela, il vous suffit de retenir l'objectif et la partie « solution » de votre

visualisation. En la répétant régulièrement au cours de vos journées, vous renforcerez son ancrage.

Lors de votre entraînement, vous risquez à un moment d'avoir l'impression de stagner dans votre apprentissage et de ne plus progresser. Connue en neurologie comme une phase durant laquelle votre cerveau crée de nouveaux réseaux de neurones, cette phase « de plafonnement » est naturelle et normale. Elle ne doit surtout pas vous décourager. Au contraire, cela signifie que vous avancez bien. Poursuivez donc votre entraînement !

Le switch

Cette technique de visualisation, commune à la PNL, au coaching et à la sophrologie (sous le nom de « sophro-correction sérielle ») est basée sur la capacité de notre cerveau à remplacer une idée par une autre. L'objectif de cette méthode est de remplacer des ressentis négatifs causés par une situation anxiogène par des ressentis positifs émanant d'une situation agréable.

J'aime comparer cette visualisation au fonctionnement d'un interrupteur électrique (« on/off »). Nous avons vu qu'au rythme de soixante mille pensées par jour, le cerveau a tendance à oublier rapidement une idée, sauf si celle-ci revient régulièrement au premier plan. À nous de faire en sorte que celle qui resurgit régulièrement soit positive et évince celle qui entretient les angoisses. Avec le « switch », le cerveau s'appuiera sur des émotions et des moments déjà vécus et inscrits dans votre « base de données ». Ce mode de visualisation est donc tout à fait efficient pour chasser une peur. Reprenons l'exemple de la peur de l'avion : c'est en faisant remonter à son esprit les moments agréables passés en vol et les émotions positives inhérentes que la personne a pu reprendre l'avion presque comme avant l'incident.

En outre, notre cerveau ne peut se concentrer sur deux pensées à la fois. Ainsi, le fait de diriger votre attention sur une autre pensée évincera la précédente, lui retirant son influence par la même occasion.

Nous avons la possibilité de « reformater » notre cerveau et de décider quelles pensées prioriser. Cela requiert du temps, mais c'est réalisable. Rappelez-vous-en, même en cas de doute sur votre capacité à maîtriser une de vos peurs.

Les sportifs ont ainsi recours à cette méthode pour passer d'un état à un autre, mobiliser pleinement leur énergie durant l'action, et se couper rapidement de ce qui pourrait les distraire (le stress avant le coup d'envoi, les bruits environnants, une douleur qui apparaît et détourne l'attention de l'objectif, un mouvement raté, etc.).

Les exemples d'utilisation de cette méthode sont nombreux, mais celui du tennisman Novak Djokovic compte parmi ceux que je préfère. Lors de sa rencontre avec Roger Federer à Wimbledon en 2019, il avait autour de lui un public qui, pour majorité, ne souhaitait pas le voir gagner. Une situation particulièrement difficile pour lui et un combat permanent pour garder sa motivation. Il a alors utilisé la technique du switch, au niveau auditif, comme il a pu le rapporter après le match : « Quand la foule crie "Roger", j'entends "Novak". Ça paraît stupide mais c'est comme ça. J'essaie de me convaincre que c'est comme ça. » Et cela a fonctionné !

Ce type de visualisation présente donc un avantage certain, à l'instar de la technique de l'ancrage : tels les sportifs, vous pouvez l'utiliser aussitôt que vous ressentez un changement d'état, une montée d'angoisse, ou une peur advenir.

Ce sera donc un outil important pour vous, que vous pourrez utiliser rapidement et efficacement dès que vous en aurez besoin.

En apprenant ainsi à passer mentalement du ressenti d'une émotion désagréable à celui d'une émotion agréable, vous apprendrez à restreindre l'ancrage d'une émotion négative. Particulièrement efficace pour maîtriser les peurs et atténuer une phobie, cette pratique demande de l'entraînement et du temps. En faisant remonter à la mémoire la source de vos peurs, il est important de savoir faire ce « switch » au bon moment, pour ne pas aller jusqu'au mal-être.

Je vous propose d'apprendre à vous en servir de deux façons :

- **En urgence** : en apprenant comment l'utiliser pour switcher dès qu'une sensation d'angoisse advient, en utilisant la technique de l'ancrage (voir page 92).
- **En travail de fond**. Avec cet exercice, c'est vous qui allez faire remonter cette peur consciemment. Je vous propose de commencer à vous entraîner autour des « petites peurs » du quotidien ou des habitudes plus insolites que problématiques, comme des superstitions, avant d'utiliser cette technique de visualisation sur une phobie importante. Puis une fois que vous serez en mesure de remplacer rapidement une idée par une autre, vous pourrez passer à une peur ou phobie plus conséquente.

EXEMPLE : LA PEUR DE SORTIR EN PUBLIC

Cette visualisation permet de faire un transfert d'énergie positive du passé vers le présent. Elle se décompose en cinq temps : visualiser la situation anxiogène jusqu'à ressentir une légère gêne ; prendre conscience du début de ces sensations négatives ; visualiser une situation du passé agréable et la laisser remonter avec tous ses ressentis : remplacer les ressentis négatifs par des ressentis positifs ; intégrer ces nouvelles sensations positives.

- *Visualisez-vous en train de sortir dans la rue, les premiers pas, prenez le temps de ressentir la scène, en imaginant les bruits des voitures, le souffle du vent, les maisons de votre quartier, vos voisins, etc.*
- *Puis, dès que vous sentez l'angoisse venir, visualisez immédiatement un lieu qui représente la sécurité, la sérénité. Un lieu où vous vous sentez particulièrement bien. Détaillez-le également avec tous vos sens, et appréciez le sentiment de sécurité et d'apaisement qui s'en dégage. Prenez conscience de ces sensations agréables et rassurantes qui émergent en vous et vous permettent de retrouver votre équilibre émotionnel.*
- *Ancrez ces nouvelles sensations en respiration profonde.*

Avec de l'entraînement, vous pourrez « switcher » une idée anxiogène en quelques secondes. Cela ne change pas la réalité mais cela modifie votre façon de l'appréhender.

Ayez toujours à l'esprit que le véritable problème n'est pas votre peur mais votre manière de la vivre.

Placez-vous dans les bonnes conditions

Avez-vous remarqué que, lors d'une discussion, plus vous cherchez à retrouver un mot ou une information dont vous ne vous souvenez plus, moins vous y parvenez ? En revanche, dès que vous parlez d'autre chose, l'information vous revient en mémoire. Rien de magique non plus dans ce processus mental. En mettant votre cerveau sous pression, vous autocensurez votre accès à l'information qui y est stockée. Avec la visualisation, le processus sera le même. **Il est important de savoir exactement ce que vous voulez, en clarifiant tout d'abord votre objectif, avant de répéter régulièrement votre visualisation, d'y placer la bonne intention puis de lâcher prise.** Votre cerveau fera le reste, surtout concernant les peurs. Il sera essentiel de ne pas ajouter l'angoisse de l'échec au travail que vous effectuerez.

Ce principe de mettre les choses en place puis de laisser faire les choses comme elles viennent est d'ailleurs une des bases de la visualisation, quel que soit votre objectif, d'où l'importance de la détente physique et mentale avant de visualiser.

Vous avez pu remarquer, avec les premières visualisations de ce livre, que je vous invitais à vous placer dans un état particulier au début de votre exercice et vous proposais d'en sortir avant de reprendre vos activités.

Vous pouvez visualiser en état de veille – comme vous l'êtes actuellement en lisant ce livre –, mais l'empreinte de votre visualisation risque d'être de courte durée et ne pas marquer suffisamment votre conscience ou votre inconscient. Tandis que si votre corps et votre esprit sont détendus, un ralentissement de vos ondes cérébrales s'ensuit et vous fait entrer dans ce que l'on nomme « l'état Alpha ».

Le cerveau dans tous ses états

Notre cerveau est constitué de plusieurs milliards de cellules qui échangent en permanence des informations. Ces échanges provoquent l'émission de courants électriques faibles, les ondes cérébrales, qui varient selon les moments de la journée (activité intellectuelle, apprentissage, relaxation, méditation, repos, sommeil léger, sommeil profond, etc.).

Chaque type d'ondes est représenté par une lettre de l'alphabet grec :

- **Bêta** : correspond au cycle de plein éveil durant lequel notre cerveau fonctionne à plein régime.

- **Alpha** : intéressant pour la visualisation. Cet état se renforce naturellement dès que nous avons les yeux fermés, que nous prenons une position confortable, et que nous acceptons de nous détendre.

- **Thêta** : correspond à la phase du sommeil léger. C'est le rythme utilisé dans les hôpitaux pour l'hypnose d'anesthésie.

- **Delta** : correspond à la zone de l'inconscient, où seule la gestion des fonctions vitales est assurée par le cerveau.

En vous plaçant en état Alpha avant de pratiquer vos séances de visualisation, vous vous placez dans ce que l'on appelle un « état modifié de conscience » qui se situe entre la veille et le sommeil. Vous augmentez ainsi votre capacité de réceptivité pour mieux intégrer les suggestions verbales que vous utiliserez. Vos perceptions seront plus acérées, votre volonté et votre réflexion céderont la place à l'imagination et à la libre association d'idées.

Au cours de la journée, votre hémisphère gauche prédomine généralement. Il privilégie alors un travail d'analyse et de réflexion, vous privant de toute perception intuitive ou créative induite seulement par l'hémisphère droit.

> L'intérêt du recours à cet état de relaxation profonde, pour visualiser, réside dans le fait que les deux hémisphères de notre cerveau parviennent ainsi à fonctionner ensemble dans une parfaite harmonie.

Je vous propose de vous entraîner à atteindre cet état si confortable, en suivant ce lien :

ENTRER EN ÉTAT ALPHA

Il est également important de terminer votre visualisation par un retour au rythme Bêta, pour revenir en état de veille. Voici les deux textes que je vous invite à intégrer avant et après vos visualisations.

- *Installez-vous confortablement et isolez-vous physiquement et mentalement, fermez les yeux, et respirez trois fois profondément.*
- *Concentrez-vous sur le bruit de l'air qui entre par vos narines et ressort par votre bouche.*
- *Prenez le temps de ressentir les bienfaits de votre respiration.*
- *Portez maintenant votre attention sur votre corps et ressentez le relâchement et la détente qui s'y installent progressivement.*
- *Visualisez la détente de votre tête, de votre cou et de vos bras, puis de votre dos ainsi que de votre thorax, poursuivez par les lombaires et le ventre pour terminer par le bas de votre corps.*
- *Mettez-vous pleinement à l'écoute de vos ressentis.*
- *Percevez comme une douce sensation de chaleur et prenez conscience de votre corps à présent plus détendu et relâché...*

SORTIR DE L'ÉTAT ALPHA

- *À présent, je vous invite à répéter trois fois une affirmation positive en lien avec votre visualisation, avant d'inspirer loin devant vous en revenant dans une respiration naturelle.*
- *Commencez à bouger les pieds, les mains, frottez celles-ci ensemble pour reprendre contact avec votre corps, ici et maintenant.*
- *Étirez-vous, pour reprendre votre place dans l'espace.*
- *Écoutez les bruits qui vous entourent et, quand vous vous sentirez prêt, je vous invite à ouvrir les yeux et à porter un regard positif sur le lieu dans lequel vous vous trouvez et sur les éventuelles personnes qui vous entourent.*

Si vous le souhaitez, vous pouvez également utiliser deux autres variantes pour vous placer dans l'état Alpha :

- *Visualisez pendant une vingtaine de secondes les sept couleurs de l'arc-en-ciel en partant du rouge pour entrer dans l'état Alpha, et du violet pour sortir de cet état.*
- *Visualisez-vous descendre un escalier de haut en bas en descendant une marche par expiration pour atteindre cet état et remonter ces marches pour en sortir.*

Pour une personne anxieuse, apprendre à se détendre est déjà une belle victoire ! Les phobies sont considérées comme des maladies psychosomatiques, nombre de leurs symptômes s'exprimant par le corps. Outre vous placer dans de bonnes conditions pour visualiser, la relaxation permettra d'activer le système parasympathique qui, pour sa part, favorise la détente et autres manifestations contraires à celles que déclenche la peur. Cela peut prendre du temps mais sachez qu'à chaque fois que vous pratiquerez, vous sentirez une amélioration autant physique que mentale.

Selon vos possibilités, je vous invite à pratiquer vos visualisations de préférence le soir ou le matin car, à ces moments de la journée, nous sommes naturellement proches de cet état particulier et propice.

La gestion des peurs par la visualisation créatrice nécessite une qualité de présence conséquente pour aller puiser au fond de vous les ressources nécessaires pour contrer ces angoisses.

Si vous voulez pratiquer dans votre lit, je vous conseille plutôt de vous asseoir confortablement au bord de votre lit ou sur une chaise pour éviter de vous endormir. Gardez la colonne vertébrale stable et droite, les genoux à l'équerre. Dans cette position, la production des ondes Alpha sera facilitée.

ÉTAPE 2 : DÉPASSEZ VOS FREINS ET ACCÉDEZ À LA RÉUSSITE

Tout est une question de croyances ! Vous pensez que vous pouvez y arriver ? En mettant tout en place pour atteindre votre but, vous y parviendrez ! Vous pensez que ce n'est pas pour vous et que cela ne sert à rien ? Alors vous échouerez.

Nos peurs se nourrissent de nos croyances, sur nous-mêmes et sur le monde. Elles nous rendent peureux et lâches face à des situations que nous aurions pu résoudre sans difficulté. Notre peur de mal faire ou au contraire notre volonté de tout faire parfaitement nous épuisent et nous limitent dans nos actions.

Heureusement, nous avons aussi des croyances qui nous élèvent vers un avenir heureux. Celles qui nous font aider les autres, et qui peuvent remplacer nos peurs : la bienveillance, la gratitude, la compassion, la confiance en soi et en l'autre, etc.

Même si nous avons été conditionnés dès notre enfance selon notre milieu social, notre éducation, nous avons la possibilité de changer les croyances qui nous limitent, en comprenant comment elles se forment.

Dépassez vos croyances limitantes

Nous sommes tous plus ou moins enfermés dans un système de croyances qui nous fait voir le monde selon un certain point de vue. Ces croyances qui sont plus ou moins conscientes ont une réalité psychologique mais pas automatiquement une réalité logique. Je suis certain que vous expérimentez cette différence régulièrement en échangeant avec vos collèges ou vos amis. Une réalité évidente pour vous ne le sera pas forcément pour votre interlocuteur, selon sa perception. Une fois une croyance ancrée, on aura tendance à envisager la vie à travers son prisme, et si la réalité ne correspond pas à notre vision du monde, on déformera alors l'information afin de les faire coïncider davantage.

De plus, et nous avons eu l'occasion d'aborder le sujet avec les distorsions cognitives, nous avons toujours tendance à chercher des preuves confortant nos croyances plutôt que de considérer des faits réels les remettant en cause. Gare alors au sentiment de victimisation que peut susciter un tel comportement, en corrélation avec nos peurs et nos angoisses, au risque de renforcer notre malaise et notre isolement de la société !

Les croyances qui nous affectent peuvent être sociétales, familiales ou personnelles, influençant grandement nos vies, surtout s'il s'agit de croyances sur notre identité (ce que je suis) ou nos capacités (ce que je peux faire).

Négatives, ces croyances peuvent nous limiter dans notre vie au point de constituer de véritables freins à notre évolution. En nous enfermant dans notre zone de confort, elles deviennent sources de peurs et d'angoisses dès que nous souhaitons en sortir pour vivre autrement, ou découvrir et expérimenter de nouvelles choses.

Les croyances sur la visualisation créatrice, par ailleurs, sont nombreuses, autant sur la méthode en tant que telle – « cela ne sert à rien… c'est du baratin… visualiser c'est pour contrôler mon esprit, c'est dangereux, etc. » – que sur la possibilité de l'utiliser – « ce n'est pas pour moi, je n'ai pas d'imagination… il faut être un athlète pour avoir de bons résultats… il faut y croire, etc. ».

Je vous propose donc de vous libérer de ces croyances limitantes, afin de vous donner la possibilité de réussir vos visualisations… et, qui sait, peut-être par la même occasion, assourdir certaines de vos peurs encombrantes.

Pour commencer, tâchons de comprendre comment ces croyances limitantes se créent et s'autoalimentent.

Nous passons beaucoup de temps à conforter ces croyances dans une forme de cercle vicieux « croyance-raisonnement-émotion-comportement-résultat » :

Ce que je crois

Je n'y arrive pas

Je n'ai pas d'imagination

Ce que je pense

Ce n'est pas juste

La visualisation ne fonctionne pas

Ce que je ressens

Je suis triste

Je suis frustré

Ce que je fais

Je me renferme et ne fais rien

Je me bloque

Résultat

Il ne se passe rien, donc… je n'y arrive pas

(et le cercle recommence)

Je lis ce livre en diagonale et cela ne fonctionne pas et « prouve » que je n'ai pas d'imagination

Exercice pour limiter les croyances limitantes

Maintenant que vous avez vu comment se crée et s'autoalimente une croyance, je vous propose de vous libérer de celles qui vous empêcheraient de réussir vos visualisations.

- **Notez sur une feuille de papier toutes les phrases qui limiteraient votre réussite à visualiser, ces croyances limitantes qui tournent en boucle dans votre esprit et qui vous empêchent d'atteindre votre objectif,** comme : « Je suis incapable de… » ; « Je n'ai pas d'imagination » ; « Cela ne sert à rien, cela ne marchera pas » ; « Cela ne risque pas de s'arranger de toute façon » ; « J'ai déjà essayé et cela n'a pas fonctionné », etc.

  Notez-les sur un papier en étant le plus honnête possible, cela vous permettra de faire le point sur ces pensées et de vous en dissocier.

- **Puis, inscrivez en regard l'émotion liée à ces mots.** Placez-vous au niveau de vos émotions : que ressentez-vous au fond de vous lorsque vous répétez cette phrase qui vous limite ? Identifiez cette émotion et dans quelle partie du corps vous la ressentez.

- **Puis, afin de prendre du recul sur ces croyances limitantes, commencez à répondre à ces questions : sur quoi je me base pour dire cela ?** Quelle preuve concrète ai-je validant cette croyance ? Qu'est-ce qui me fait dire que c'est une généralité ? Cela pourrait-il se passer autrement ?
- **Notez à présent ce que vous pourriez mettre en place pour dépasser ces freins que vous vous imposez sans raison valable.** Inscrivez-vous dans la réalité pour trouver une solution adaptée.

  Par exemple : je ne suis pas capable de visualiser. Je ressens une frustration et elle se situe au niveau de l'estomac. J'ai déjà essayé et cela n'a pas fonctionné, pourquoi serait-ce donc différent cette fois-ci ? Effectivement, il n'y a que moi qui me dis cela ; et oui, cela pourrait être autrement, si je me faisais confiance.
- **Bloquez du temps pour vous entraîner un peu chaque soir réfléchissez à un objectif.** Si vous prenez le temps de défaire et déconditionner vos croyances négatives, votre vie en sera profondément changée.

Reconnaissez vos drivers

Nous venons d'évoquer des croyances que nous avons tous et qui fondent notre vision du monde, se révélant des ressources lorsqu'elles sont positives et des freins lorsqu'elles sont négatives. Inutile de culpabiliser, elles vous sont parfois inculquées à votre insu autant par votre entourage que par la société dans laquelle vous avez évolué. Il est souvent impossible d'en avoir conscience car cet ancrage s'est consolidé année après année et a contribué à forger votre caractère. Éric Bern, le psychiatre américain et père de l'analyse transactionnelle, a regroupé ces mini-scénarios mentaux en cinq items sous le nom de **« drivers »** :

Sois fort • Sois parfait • Fais plaisir • Fais des efforts • Dépêche-toi

Reconnaître ces drivers, c'est faire un nouveau pas vers la maîtrise de vos peurs. En prenant du recul sur ces automatismes, nous évitons en effet de vouloir vivre une vie qui n'est pas la nôtre, écueil à l'origine de nombreuses peurs : peur de décevoir, peur de ne pas être assez bien, peur de dire non, peur d'aller trop lentement, etc.

Vous avez peut-être déjà entrevu quelques-uns de vos traits de caractère à la simple lecture de ces cinq items. Aussi je vous propose d'identifier celui ou ceux qui vous correspondent afin de mieux comprendre d'où viennent certaines de vos croyances et donc les peurs qui en découlent.

Si votre principal trait de caractère peut être défini par « Sois fort », il peut avoir été créé avec des phrases trop souvent entendues telles que : « Sois courageux », « Il faut se battre pour réussir », « Avance et ne te plains pas », etc.

En général, vous avez peur de vous dévoiler et avez du mal à demander de l'aide pour une tâche ménagère ou dans votre travail, au risque de surestimer vos capacités et de développer des peurs de ne jamais finir à temps.

Votre principal trait de caractère peut être défini par « Sois parfait » ? Cela pourrait provenir d'injonctions répétées comme : « C'est tout ? Tu m'as habitué à mieux » ou « C'est bien, mais je sais que tu peux faire mieux », etc.

Vous avez une tendance au perfectionnisme. Vous êtes une personne exigeante autant avec vous-même qu'avec les autres et vous vous montrez souvent insatisfait. L'angoisse de mal faire peut facilement se déclencher chez vous.

Si votre principal trait de caractère peut être défini par « Fais plaisir », il peut avoir été instillé par de telles mentions : « Ça me fait de la peine ce que tu as fait », « Sois donc un peu gentil avec moi », « Arrête de me fatiguer comme cela », etc.

Vous voulez faire plaisir avant tout et vous avez du mal à dire non et êtes dans le don de vous-même de peur de déplaire.

L'item « Dépêche-toi », auquel vous vous associez, peut provenir de la répétition de phrases comme : « Arrête de traîner », « Dépêche-toi… », « Tu n'as pas encore fini, tu es trop lent », etc.

Vous vous mettez beaucoup de pression pour faire les choses aussi vite que bien. Vous culpabilisez facilement de prendre du temps et préférez parfois la quantité à la qualité.

Enfin, le trait de caractère résumé par l'item « Fais des efforts », dans lequel vous vous reconnaissez, peut quant à lui trouver son origine dans la répétition de phrases telles que : « Tu dois travailler car on n'a rien sans rien », « Tu pourrais y mettre un peu plus de cœur », « Ce n'est pas comme cela que tu y arriveras », etc.

Votre objectif est de ne jamais reculer devant un problème même si sa résolution nécessite beaucoup d'énergie et de labeur. Vous ne supportez pas la critique et avez des angoisses si vous vous laissez aller.

Comme vous pouvez le constater, ces drivers nous conduisent à ressentir des peurs ou des angoisses, si nos actions ne sont pas en accord avec ceux-ci. Les accepter et les comprendre permet de commencer un travail sur ce que j'appelle les « peurs du quotidien » ou « peurs parasites », celles qui nous gâchent la vie et peuvent être la cause des TOC (troubles obsessionnels compulsifs) ou autres troubles handicapants.

Les bons côtés des drivers

Mais ces drivers ont aussi un bon côté, et je vous invite à les utiliser, selon votre profil, lors de vos visualisations en tant que mantra et affirmation positive (voir page 78).

- **« Sois fort »** : résistant à la pression et imaginatif pour trouver des solutions.
- **« Sois parfait »** : travailleur et perfectionniste.
- **« Fais plaisir »** : de très bonne compagnie, dévoué et empathique.
- **« Dépêche-toi ! »** : en capacité d'honorer des délais courts, donc réactif et créatif.
- **« Fais des efforts »** : toujours prêt à aider les autres, patient et persévérant.

Retrouvez confiance en vous

Certaines croyances limitantes peuvent sérieusement entamer notre confiance en nous. Il nous arrive de douter de nos capacités, ce qui peut être un frein pour réussir. Travailler sur nos propres peurs avec la visualisation demande de se remémorer et de prendre conscience de nos forces et de nos ressources. Dans le cas contraire, le manque de confiance en soi entraînera des ruminations autour de nos échecs, donnant naissance à de nouvelles peurs.

Conscientisez vos réussites

Je vous propose un exercice visant à faire remonter à votre mémoire tous les moments positifs durant lesquels vous avez eu confiance en vous, afin d'accroître votre confiance en vous et de suppléer des croyances négatives sur vos propres capacités.

Pour un résultat optimal, soyez le plus spontané et honnête possible avec vous-même en réalisant cet exercice.

- **Prenez une feuille blanche et dessinez une ligne que nous nommerons « ligne de destinée ».** Placez-vous dans l'état Alpha ou en simple relaxation pour être le plus spontané possible. Et commencez à revivre votre passé. Vous pouvez commencer vers l'âge de 20 ans jusqu'à aujourd'hui.
- **À chaque fois que vous avez réussi quelque chose qui vous a rendu fier, placez un point au-dessus de cette ligne.** Plus vous en estimez le succès important et plus le point sera haut. Pour les années dont vous ne vous souvenez pas précisément, dessinez un trait perpendiculaire à la ligne de départ. En cas d'importantes difficultés ou d'accros de la vie, placez-vous en dessous de

la ligne de destinée pour réaliser comme un diagramme de toutes ces années.

- **Prenez le temps de bien visualiser toutes ces moments**, les dates, les rencontres importantes, les activités réalisées et même les lieux s'ils sont importants pour vous et déclenchent des souvenirs positifs et valorisants. Commencez par vos plus grands « succès », ils seront plus faciles à remobiliser.
- **Souvenez-vous des sentiments que ces victoires ont générés en vous.** Reconnectez-vous à ces moments de réussite.
- **À présent, prenez le temps de regarder et d'analyser ces résultats.** Prenez conscience de tout ce que vous avez accompli.
- **Constatez que, malgré les difficultés, vous avez su faire preuve de résilience pour vous en sortir.**
- **Pour renforcer votre confiance et votre taux de résilience, ancrez ces sensations de réussite en prenant une profonde respiration**, inscrivez ces moments au fond de vous et soufflez doucement pour les intégrer au plus profond de vous.

Développez votre optimisme

Quatre-vingt-dix pour cent de nos pensées sont identiques d'une journée à l'autre, sur un total d'environ soixante mille pensées par jour ! Imaginez les dégâts que peuvent causer des pensées anxiogènes sur le long terme, si rien n'est entrepris pour les stopper. En revanche, imaginez également la satisfaction de savoir que vous pouvez interférer.

Sur une journée, nous vivons plus d'expériences positives que d'expériences négatives. Pourtant, comme vous avez pu vous en rendre compte, nous avons tendance, avant de nous endormir, à ruminer ce qui s'est mal passé, plutôt que de se souvenir de tout ce qui s'est bien déroulé. **C'est un fait, notre cerveau retient plus facilement ce qui se passe mal que ce qui se passe bien.**

Nous avons tous en mémoire des journées où tout s'est mal engagé, nous plaçant dans une humeur terrible, nous rendant désagréables avec notre entourage et incitant celui-ci à faire de même.

→ **Un exercice intéressant est de prendre quelques minutes pour vous remémorer ces moments où vous avez « sur-négativé ».** Puis, dans un premier temps, notez les conséquences de cette mauvaise humeur dans les heures qui ont suivi.

→ **Dans un second temps, imaginez la même scène mais en vous laissant le temps de prendre du recul sur la situation et ce que cela aurait changé durant votre journée.** Avouez que vous auriez pu vous éviter bien des désagréments, voire des peurs ou angoisses !

Ces dernières années, les progrès en neurosciences ont permis de mieux observer le fonctionnement de nos neurones, et une des conclusions de ces nombreuses études s'avère édifiante : plus vous cherchez à chasser une pensée anxiogène, plus elle s'ancre dans votre mental. Le souci n'est pas « LA » pensée négative en tant que telle, la vie n'étant pas un long fleuve tranquille, mais si vous ne réagissez pas, celle-ci va entraîner un flux de pensées et de raisonnements qui, en se multipliant, vont développer d'autres affects négatifs, terreau parfait des peurs et des angoisses.

Un travail à faire régulièrement est de repérer et noter toutes les expressions à connotation négative que vous utilisez régulièrement, le plus souvent sans vous en rendre compte. N'hésitez pas à vous appuyer sur votre entourage pour cela. Par exemple, des locutions telles que « c'est pas mal », souvent utilisées pour donner son approbation mais fondée sur du négatif : mieux vaut les remplacer par un simple « c'est bien ».

Identifiez également toutes les fois où vous répondez à une question en plaçant un « non » au début de votre réponse : « Non, tu as raison, c'était très bien », etc. Puis, dans votre quotidien, dès que vous réalisez que vous formulez ces pensées négatives, transformez-les en phrases positives et répétez-les trois fois de suite pour les ancrer. Progressivement, vous remplacerez un automatisme par un autre et constaterez un impact positif sur votre approche de la vie et donc sur vos peurs.

Les pensées positives génèrent en vous de l'énergie positive et multiplient vos capacités. Ce faisant, vous donnez à votre entourage, qu'il soit personnel ou professionnel, l'envie d'être à vos côtés et de vous aider si besoin : l'engrenage positif est en marche ! Ce soutien vous pousse vers la réussite et, libéré de vos doutes et de vos peurs, vous nourrissez des envies de développer de nouveaux projets vous permettant d'atteindre vos objectifs. Cette réussite motivante déclenchera forcément en vous de nouvelles pensées positives, qui à leur tour vous placeront dans un sentiment de confiance et d'optimisme. C'est ainsi que se met en place ce que j'aime appeler le « cercle vertueux de l'optimisme ».

Cela vous paraît simple ? Tant mieux, car ce sont les choses les plus simples qui sont les plus efficaces !

Nous savons depuis des décennies que les émotions négatives comme la peur, la tristesse ou la colère, même si elles ont une fonction importante et sont utiles, peuvent générer ou amplifier des tensions ou autres maux physiques. À l'inverse, il a été démontré, ces dernières années, que les émotions positives comme la joie, la gratitude et, par extension, la sérénité, rééquilibrent notre système nerveux parasympathique (celui qui régule le stress et accroît l'apaisement physique) et améliorent notre immunité.

Afin de vous donner toutes les chances de réussir vos visualisations pour gérer vos peurs, il sera important de développer les affects positifs, sources de motivation et d'envie.

Mais avant de développer des idées positives, il est nécessaire de faire de la place dans votre esprit. Convenons que dans une période où les peurs vous envahissent, il est quasi impossible de vous tourner vers l'optimisme, alors… il est temps de faire de la place dans votre cerveau pour vous diriger vers des pensées plus constructives.

Pour réaliser ce travail, et vous libérer des pensées négatives qui vous plongent dans des ruminations sans fin et cultivent votre anxiété, la « méditation des nuages » vous sera d'une grande aide (voir page 146). Mais avant de pouvoir la réaliser, il est essentiel d'identifier ces ruminations.

Encore une fois, on ne peut pas se libérer de ce que l'on ne connaît pas. C'est pour cette raison que je vous propose en premier lieu cet exercice.

Notez les événements qui ont déclenché en vous des ruminations lors de ces derniers jours et résumez-les en quelques mots.

....

....

....

....

Répondez pour chaque item à ces trois questions :

1. Cette rumination est-elle née d'un fait réel que vous pouvez relater aujourd'hui ou d'une projection de votre mental ?

....

....

....

....

2. Quelle a été votre réaction physique face à cette pensée, qu'avez-vous ressenti dans votre corps ?

....

....

....

....

3. Quelle a été votre réaction mentale face à cette pensée ?

....

....

....

....

Une fois l'objet de vos ruminations identifié, adoptez une position agréable, faites une légère décontraction musculaire en prenant trois respirations profondes.

Laissez vagabonder votre esprit sans but précis et, à chaque fois que l'une de ces ruminations s'invitera au milieu de cette rêverie, laissez-la passer à l'image d'un nuage dans le ciel. Pour vous aider, vous pouvez imaginer le vent se lever et emporter ces pensées inutiles au loin.

Il se peut qu'une même pensée revienne, comme poussée par un vent contraire, c'est tout à fait normal les premières fois ; recommencez donc jusqu'à ce que votre ciel soit quasi bleu et sans nuage.

Cette « reprogrammation mentale » vous aidera à visualiser votre objectif de façon positive et à vous tourner vers la solution et non vers le problème, vers le positif et non vers la peur.

ÉTAPE 3 : CRÉEZ VOS PROPRES VISUALISATIONS CRÉATRICES

Nous sommes tous différents et nos peurs correspondant à notre vécu, certaines de vos peurs ne seront sans doute pas traitées dans cet ouvrage. C'est pour cette raison que je vous propose de créer vous-même vos visualisations pour répondre à vos besoins précis. Personne ne sait mieux que vous ce qui vous correspond. De plus, poser sur le papier vos peurs et les solutions pour en sortir sera déjà une façon de les maîtriser. Certes, parfois vous aurez besoin d'un coup de main, d'une aide pour vous motiver en temps de difficultés, comme tout un chacun. Sachez que vous n'êtes pas seul… étant moi-même passé par cet état, j'ai écrit pour vous accompagner ce livre que j'aurais alors aimé avoir.

Maintenant que vous avez compris comment fonctionne la visualisation et comment en faire un outil de réussite, vous voici prêt à créer vos textes pour prévenir comme pour maîtriser une peur déjà installée. Faites-vous confiance !

Développez vos capacités à visualiser

L'un des freins les plus importants dans le domaine de la visualisation repose sur la visualisation en elle-même ! Beaucoup ont peur en effet de ne pas avoir d'images suffisamment nettes à l'esprit et pensent qu'ils ne sauront donc pas faire.

Je vous rassure, visualiser ne veut pas dire forcément voir aussi clairement que sur un écran de cinéma. Certains vont réellement imaginer des scènes précises avec de nombreux détails, tandis que d'autres vont être davantage dans le ressenti ou les couleurs, avec des images plus diffuses. Ce n'est pas le plus important. Si nous sommes tous différents quant à la mémorisation d'un souvenir, nous avons tous une idée précise de ces moments.

En outre, avec l'entraînement, vous gagnerez en précision. Laissez donc remonter les souvenirs qui adviennent tels qu'ils vous parviennent, sans vous mettre de barrières.

Un autre frein consiste à vous dire que vous n'avez pas une bonne mémoire, et que vous ne saurez pas vous remémorer des souvenirs positifs ou en créer de nouveaux. Je vous rassure, la visualisation est moins une question de mémoire que d'attention. La plupart du temps, lorsque vous perdez un objet ou que vous doutez d'avoir fermé à clef la porte de votre domicile, ce n'est pas votre mémoire qui vous fait défaut, mais c'est bien votre manque de présence et d'attention au moment où vous avez posé l'objet en question ou fermé votre porte qui est en cause.

Pour créer un souvenir, notre mémoire a besoin d'images mentales. Si vous n'êtes pas à ce que vous faites ou pensez à plusieurs choses à la fois, vous ne créez pas d'image mentale et donc aucun souvenir. CQFD !

Amusons-nous à résumer schématiquement la création d'un souvenir. En temps normal, cela donnerait :

- Perception avec vos cinq sens – création d'une image mentale – mémorisation – souvenir que vous pourrez aller rechercher avec la visualisation créatrice.

Voici le même cheminement, mais avec un manque d'attention et de présence à soi :

- Perception avec vos cinq sens – interférence (multiples idées, exécution d'une tâche sans rapport, stress, etc.) –

départ sur une autre piste mentale – oubli de la perception initiale – pas de création de souvenir précis et donc inutilisable en visualisation.

Il est donc essentiel de retrouver votre capacité d'attention pour bien visualiser. Revenez dans le moment présent, cela limitera vos angoisses autant que cela vous permettra de créer de beaux souvenirs pour de meilleures visualisations créatrices.

Ne vous ajoutez pas de freins inutiles, tout le monde sait utiliser son imagination. Si vous avez l'impression de ressentir un blocage, posez-vous la question de savoir si ce n'est pas la peur de revivre une situation précise qui crée ce blocage en vous. Si tel est le cas, dites-vous que, comme toute peur, c'est en la reconnaissant que vous l'affaiblirez.

Il y a deux « types » de visualisations créatrices :

- **une visualisation active** : vous créerez des images de toutes pièces ;
- **une visualisation passive** : vous laisserez remonter un souvenir précis déjà présent et stocké dans votre mémoire à long terme.

Selon votre créativité, vous serez plus à l'aise avec l'une ou l'autre méthode. Je vous invite à commencer par celle qui est la plus accessible pour vous, et amusez-vous avec tout au long de votre journée.

Encore une fois, nous ne réussissons que ce que nous aimons faire !

Voici quelques exercices pour développer votre capacité de visualisation.

- **Je vous propose chaque soir de réaliser un petit exercice de visualisation de dix minutes en vous remémorant votre journée.** Plus vous le pratiquerez et plus vous serez capable de vous souvenir de détails. Commencez par tous les détails qui vous reviennent en mémoire immédiatement (votre parcours, les gens croisés, la météo, les informations ou les musiques à la radio, etc.). Puis, progressivement, précisez-les davantage encore (les noms des rues et le nombre de feux de circulation, les habits des gens que vous avez croisés, voire leur nom, les noms de journalistes ou d'artistes entendus à la radio, etc.). Affinez de plus en plus les détails. Ce sera également un moyen de faire travailler votre mémoire. Ne soyez pas dans un esprit de compétition, cet exercice est simplement destiné à vous aider à visualiser de mieux en mieux.
- **Choisissez une rue commerçante dans laquelle vous passez souvent, puis visualisez-en toutes les boutiques en en détaillant les vitrines.** Vous pouvez pousser plus loin l'exercice, en tentant de reconstituer la totalité d'une vitrine en particulier.
- **Vous pouvez également vous entraîner dès que vous lisez un livre, en visualisant la scène ou le lieu décrits sur la page.**
- **Un exercice, qui peut devenir un jeu avec des amis, consiste d'abord à associer librement des idées, en énumérant un mot à la suite de l'autre.** Par exemple : « plage, poisson, criée, Boulogne-sur-Mer, marins, rayures, carrosserie, etc. » ou « neige, montagne, blanc, mariage, baptême, eau, poisson, etc. ». Il s'agit ensuite de construire mentalement une histoire complète, en suivant l'ordre des

mots énumérés auparavant, et d'en imaginer le film dans votre tête : « En rentrant de la plage, je suis arrivé sur le port où les poissons étaient en vente à la criée, qui se déroulait comme à Boulogne-sur-Mer où un marin m'a dit qu'il aimait les rayures de mon maillot de bain, alors que je voyais la carrosserie de ma voiture abîmée… »

Avec cet exercice, vous faciliterez la création d'images mentales. Encore une fois, l'essentiel reste la régularité de votre entraînement et le plaisir que vous aurez à le faire.

Déterminez votre canal sensoriel principal

Vous avez pu constater que, dans les textes de visualisation que je vous propose, je vous demande d'imaginer la scène au niveau émotionnel et vous incite à les vivre à travers vos cinq sens. **La raison en est simple : nos sens sont les chemins d'accès à toutes les informations que nous conservons dans notre cerveau.**

Cette façon de procéder répond à deux réalités :

- **La compréhension de notre monde s'établit dès notre naissance à travers nos cinq sens : le visuel, l'auditif, le kinesthésique, l'olfactif et le gustatif.** Vous avez peut-être d'ailleurs déjà vu l'acronyme « VAKOG » souvent usité pour évoquer nos différents canaux sensoriels. Ancrer par tous nos sens une situation est très important pour que notre cerveau la retienne sur le long terme.
- **Nous avons chacun un sens plus développé que les autres.** Déterminez le vôtre. En le sollicitant davantage lors de vos visualisations, vous personnaliserez encore plus vos textes de visualisations, pour une plus grande efficacité.

Pour repérer un canal sensoriel, prenons l'exemple d'une personne avec qui vous discutez. Pour acquiescer vos dires, une personne dite « auditive » affirmera : « J'entends ce que vous me dites », tandis qu'une personne dite « visuelle » préférera : « Je vois ce que vous me dites ». Une « kinesthésique » approuvera ainsi : « Ce que vous dites me touche », quand une personne dite « gustative » aimera dire : « Je bois vos paroles » et une personne considérée « olfactive » osera une expression comme « Je le sens bien, oui. » Ces différences de perception de la réalité engendrent d'ailleurs souvent des incompréhensions. Combien de fois vous est-il arrivé de développer des angoisses ou des pensées dévalorisantes, en ayant l'impression que votre interlocuteur ne retenait pas ce que vous aviez dit. Alors qu'il est fort possible qu'il ne soit tout simplement pas branché sur le même canal que vous et n'a donc que partiellement enregistré ce que vous lui avez dit.

Utilisez dans vos visualisations créatrices davantage de mots ciblés et correspondant à votre canal sensoriel principal, votre cerveau retiendra ainsi plus facilement les informations que vous souhaitez ancrer.

Pour déterminer votre canal sensoriel principal, vous pouvez :

- **Analyser la manière dont vous vous souvenez de votre passé.** Exemple : souvenez-vous de votre dernier anniversaire, qu'aviez-vous fait ? Notez si ces souvenirs remontent plutôt avec les visages des gens, ou via le cadre, ou la musique qu'il y avait, ou bien ce que vous aviez mangé, ou ce que vous aviez fait physiquement ce jour-là ou encore à travers les odeurs.

- **Prêter attention aux mots que vous utilisez le plus comme « voir », « écouter », « toucher », « sentir », « déguster », etc.** Vous pouvez demander à vos amis de faire attention à vos propos lors de vos prochaines conversations (sujets et contextes différents).
- **Étudier votre comportement face à une nouvelle situation.** Exemple : quand vous rentrez dans un nouveau magasin, quels détails vous marquent en premier ? La décoration et la visibilité des modèles (visuel), la musique et le bruit en général (auditif), ou le fait de pouvoir toucher les modèles avant de les acheter (kinesthésique) ?
- Si nous utilisons tous un canal en priorité, il faut savoir qu'il n'y a pas de canal supérieur à un autre et qu'en général les trois canaux utilisés dans la majorité des cas sont : le visuel, l'auditif et le kinesthésique.

À vous de créer !

La visualisation créatrice demande de trouver le juste équilibre entre la réalité et l'imagination. Elle doit reposer sur cinq bases :

- la peur initiale et l'objectif final clairement définis ;
- le recours aux émotions ;
- la positivité vers laquelle la visualisation va vous conduire ;
- l'acceptation du changement d'un comportement par un autre ;
- la répétition/l'entraînement.

Quelques conseils

- **Définissez précisément la peur à maîtriser** et informez-vous sur celle-ci, pour utiliser les mots justes et rationnels dans vos visualisations.

- **Ayez toujours à l'idée que vous devez intégrer dans votre visualisation une notion de temporalité**, à savoir : le passé, afin de faire ressurgir des événements positifs et de retrouver les émotions que ces moments ont suscitées en vous ; le présent, pour travailler sur une peur actuelle ou vous apaiser en revenant dans le moment présent ; le futur, pour vous visualiser positivement et dans la réussite. Une projection se faisant toujours dans la positivité.

- **Soyez imaginatif et prenez le temps de bien comprendre les tenants et les aboutissants de la situation générant en vous un sentiment de peur.**

- **Imaginez plusieurs déroulements avec vos propres mots, votre sensibilité et vos références.** Vos visualisations n'en seront que plus efficaces.

- **Définissez clairement votre objectif final, afin de trouver les mots justes et appropriés, et restez fixé sur lui** (attention à ne pas en changer en cours d'écriture !). Si une peur cachée remonte en écrivant, notez-la en marge – elle fera l'objet d'une autre visualisation.

- **Voyez s'il y a une peur cachée derrière celle qui vous vient à l'esprit.**

- **Identifiez les obstacles susceptibles de se placer entre vous et la réussite de votre objectif.**

- **Il peut arriver qu'en visualisant vous ressentiez un sentiment désagréable.** Afin d'y remédier, je vous invite à choisir au préalable une technique corporelle facile à mettre en œuvre. Elle vous aidera à vous libérer concrètement de ces tensions si elles surviennent : respiration ventrale, exercices physiques, geste signal, etc.

- **Soyez le plus précis possible**, et lorsque vous décrivez un lieu apaisant que vous connaissez, visualisez le lieu comme un endroit existant réellement encore aujourd'hui et pas seulement comme un lieu où vous avez été dans le passé. Votre visualisation n'en sera que plus efficace.
- **Passez toujours par vos cinq sens et intégrez l'ensemble de vos ressentis.**
- **Écrivez un scénario qui correspond à votre façon de penser en l'ancrant dans la réalité.**
- **Inspirez-vous des visualisations proposées dans ce livre !**

Le meilleur moyen de se libérer d'une peur est de s'y confronter !

PARTIE 3

VOS VISUALISATIONS

Comme nous l'avons vu, la meilleure façon de maîtriser vos peurs est de passer à l'action et d'y faire face, de sortir de la procrastination et de la victimisation et d'aller de l'avant. Pour vous y aider, je vous propose dans cette troisième partie trois types de visualisations qui vous permettront d'être acteur de votre changement :

- des enregistrements disponibles en flashant les QR Codes ;
- des textes à enregistrer vous-même ou à faire enregistrer puis à écouter. Si vous écrivez le texte pour l'enregistrer vous-même, utilisez la première personne du singulier (« Je... »), si vous le faites enregistrer par quelqu'un d'autre, utilisez la deuxième personne du pluriel (« Vous... ») ;
- des *process* de visualisation qui peuvent être la base de vos propres textes, ce qui vous permettra de prendre une part active dans la maîtrise de vos peurs et de personnaliser vos visualisations.

CINQ VISUALISATIONS POUR GÉRER « LA » PEUR

! **Ces visualisations ne remplacent en aucune façon un accompagnement psychologique ou un traitement médical recommandé par votre médecin, notamment en cas de phobies.** Mais elles vous seront d'une grande aide en accompagnement de ceux-ci, comme dans la plupart des cas de peurs psychologiques que nous développons dans la vie de tous les jours.

JE ME LIBÈRE DES EFFETS NÉGATIFS D'UNE PEUR

S'il est important de libérer notre esprit de nos peurs, il est également essentiel de libérer notre corps des tensions qu'elles peuvent engendrer. Pour ce faire, je vous propose d'utiliser une des techniques de base de la sophrologie qui consiste à se libérer de tous les blocages aussi bien corporels que mentaux, en utilisant le souffle en même temps que la visualisation.

Le principe sera de visualiser vos peurs sous forme d'une boule ou d'un nuage noir, puis de les expulser loin devant vous en soufflant après une légère contraction de tout ou partie de votre corps, le processus se terminant avec un relâchement musculaire. Vous avez déjà eu une première approche de cette technique lors de la « Séance de décompression physique et mentale ».

Asseyez-vous, le dos bien droit sur votre chaise, jambes décroisées.

Placez-vous dans l'état Alpha.

Identifiez les tensions musculaires que vous ressentez dans tout votre corps.

Inspirez en gonflant le ventre, bloquez votre respiration ventre plein, effectuez une légère tension de tous vos muscles.

Visualisez ces tensions se cristallisant dans une boule noire...

Soufflez, pour expulser loin de vous ces tensions inutiles.

Revenez dans une respiration naturelle et prenez quelques instants pour ressentir les sensations dans votre corps.

Recommencez le même processus, en vous concentrant sur votre tête.

Identifiez mentalement toutes les idées négatives qui encombrent votre mental.

Inspirez, bloquez, contractez...

Visualisez la boule noire...

Soufflez pour expulser cette négativité loin devant vous.

Revenez dans une respiration naturelle et prenez quelques instants pour ressentir les sensations dans votre tête.

Réitérez cet exercice une troisième fois, en vous concentrant sur l'ensemble de votre corps afin d'éliminer toutes les tensions résiduelles physiques comme mentales.

Revenez dans l'état de veille.

JE ME LIBÈRE DU POIDS DES ÉMOTIONS

Nous avons eu l'occasion de comprendre que, plus vous tentez de refouler vos émotions, plus elles apparaissent. Avec cette visualisation, je vous propose de les dépasser, en utilisant une métaphore avec des tissus de toutes les couleurs représentant vos émotions. Durant cette visualisation, vous vous visualiserez en train de traverser un champ de tissus suspendus représentant vos émotions. En les laissant retomber derrière vous, vous vous libérerez de celles qui vous retiennent dans le passé et nourrissent vos peurs.

Je vous invite à réaliser cette visualisation avant de vous endormir, afin de poursuivre le travail durant la nuit.

- *Attribuez une couleur à chacune de vos émotions. Par exemple, rouge pour la colère, noir pour la peur, bleu pour la sérénité, etc.*
- *Placez-vous dans l'état Alpha.*
- *Visualisez-vous par une belle journée d'été au sommet d'une colline donnant sur la mer et une plage de sable fin.*
- *Visualisez plus bas une forme de mur que vous devrez franchir pour atteindre la plage.*
- *Imaginez-vous courir et traverser ce mur fait finalement de tissus de différentes matières et couleurs représentant vos émotions.*
- *Traversez ce mur multicolore en abandonnant vos émotions derrière vous.*
- *Sentez-vous plus léger, une fois arrivé face à la mer.*
- *Revenez en état de veille.*

J'APPRENDS À AFFAIBLIR LA PUISSANCE DE MES PEURS

Nous savons que l'inconnu augmente le sentiment de peur et peut s'avérer source d'angoisse. Au cours de cet exercice, vous visualiserez tout d'abord une situation anxiogène puis vous-même la gérant dans le futur. En vous imaginant au préalable en train de maîtriser vos réactions de peur, de vivre et de gérer ces moments, vous affaiblirez ces sensations de peur et percevrez un sentiment de soulagement de les avoir dépassées. En imaginant avoir déjà surmonté vos peurs ou toute autre émotion désagréable, vous ancrez la réussite dans votre cerveau.

Je vous propose deux scénarios possibles, choisissez celui qui vous convient le mieux pour écrire votre propre texte et créer une visualisation en parfaite adéquation avec votre besoin. Définissez clairement la situation qui vous angoisse avant de visualiser.

Process 1 : vous visualiser en train de dépasser votre peur et d'être fier d'y parvenir.

Process 2 : vous visualiser en train de raconter à des amis comment vous avez pu maîtriser votre peur.

Process 1

- *Placez-vous dans l'état Alpha.*
- *Visualisez la situation qui développe en vous de l'angoisse et de la peur, décrivez la situation dans les moindres détails et en utilisant vos cinq sens.*
- *Déroulez la situation comme vous aimeriez qu'elle se passe si vous n'aviez pas cette peur.*
- *Visualisez-vous en train de gérer parfaitement la situation.*
- *Décrivez votre posture, votre assurance, la justesse de vos mots, la réaction de vos interlocuteurs, soyez précis.*
- *Si un problème survient, visualisez-vous le gérer calmement avec une respiration.*
- *Puis terminez en prenant conscience d'avoir réussi à dépasser votre peur, ressentez votre fierté et votre soulagement.*
- *Ancrez ces sentiments positifs.*
- *Revenez en état de veille.*

Process 2

- *Placez-vous dans l'état Alpha.*
- *Visualisez-vous dans un ou deux mois en train de raconter à vos amis la façon dont vous avez pu maîtriser votre peur.*
- *Décrivez la scène dans ses moindres détails, le lieu, les personnes présentes.*
- *Écoutez-vous en train de raconter votre souffrance et combien cela a été difficile.*
- *Puis visualisez-vous en train de raconter comment vous vous en êtes sorti. Comment vous avez été le plus fort.*
- *Écoutez les félicitations des personnes présentes.*
- *Puis terminez en prenant conscience d'avoir réussi à dépasser votre peur, ressentez votre fierté et votre soulagement.*
- *Soyez conscient de toutes vos ressources, et ancrez ces sentiments positifs*
- *Revenez en état de veille.*

J'apprends à gérer mes phobies

Si les phobies se créent le plus souvent durant l'enfance, il se peut qu'elles apparaissent à l'âge adulte suite à un choc émotionnel. Les spécialistes identifient d'ailleurs quatre situations de vie susceptibles d'accroître le risque de devenir phobique :

- des traumatismes (accident, agression, etc.) ;
- des situations marquantes répétées sans possibilité de contrôle (insultes, honte, etc.) ;
- le mimétisme social (voir un proche avoir souvent peur de la même chose) ;
- l'ancrage de messages d'avertissement (avoir été éduqué dans le danger d'une situation particulière).

On pourrait dire qu'une peur se transforme en phobie, lorsque cette peur entrave durablement votre liberté avec la même intensité.

Le mécanisme phobique intervient sur trois plans : émotionnel, psychique et comportemental. La personne touchée tentera de rationaliser au maximum, mais l'angoisse sera la plus forte, et toute tentative de réassurance se révélera vaine. Une personne phobique anticipera, interprétera et amplifiera une situation donnée. Et c'est bien le souci avec une phobie. Voyant qu'il ne parvient pas à se raisonner, le phobique se sent faible, et peut développer un sentiment de honte (notamment pour la peur du noir) renforçant davantage la phobie.

Toutes les phobies ont un trait en commun : l'évitement. Une personne ayant peur des serpents fera tout pour éviter d'en croiser, d'en voir une représentation sur un quelconque support ou même d'y penser. Or cette réaction s'avère toxique. **Le meilleur moyen de dépasser une phobie est de s'y confronter progressivement.** D'ailleurs, de plus en plus de thérapeutes utilisent la réalité virtuelle pour aider leurs patients à dépasser ces peurs excessives, étape après étape.

Cette nouvelle visualisation créatrice repose sur le fait d'imaginer l'objet de la phobie plusieurs fois de suite et de façon croissante, d'une représentation édulcorée à une représentation de plus en plus réaliste, en « switchant » régulièrement avec une image rassurante pour désactiver le caractère anxiogène.

Exemple de représentation progressive de votre phobie :

- **1re visualisation (selon l'objet de votre phobie) :**
  - araignée, serpent ou autre animal en peluche ;
  - un avion sous la forme d'une maquette ;
  - un tunnel réalisé en Lego® ;
  - le vide sous forme d'un dessin sur le sol…
- **2e visualisation :**
  - araignée, serpent ou autre animal réel mais en tout petit, inoffensif ;
  - un avion sur la piste d'atterrissage ;
  - un tunnel avec des ouvertures lumineuses à chaque mètre ;
  - le vide sous la forme d'un plancher transparent, laissant voir le vide sous vos pieds mais sans aucun risque.
- **3e visualisation :**
  - araignée, serpent ou autre animal réellement devant vous mais sans être agressif ;
  - dans un avion en vol avec une musique douce dans les oreilles ;
  - un tunnel sans ouverture mais dont on perçoit le bout ;
  - le vide, en vous représentant sur un chemin de montagne, au bord d'un ravin mais sur un sentier suffisamment large pour ne pas être inquiétant.

JE GÈRE MA PHOBIE

En répétant cette visualisation, vous atténuerez progressivement le caractère effrayant de votre phobie.

Placez-vous dans l'état Alpha.

Visualisez la scène ou l'objet de votre peur de façon figurée, imaginez-vous évoluer et jouer avec, détaillez-le et voyez comme il ne représente aucun danger pour vous. Amusez-vous avec ou dans cette représentation.

Représentez-vous un lieu agréable que vous associez au calme et à la sécurité. Plongez dans ce paysage avec tous vos sens, prêtez attention aux sons, appréciez les couleurs et sentez les parfums. Touchez également les éléments naturels qui sont autour de vous. Appréciez le calme et la détente qui se dégagent de ce lieu où tout vous rassure et vous enchante.

À présent, revenez sur la représentation de l'objet ou de la scène anxiogène et imaginez ceux-ci un peu plus précisément que la première fois, tout en gardant l'idée du jeu. Observez, cherchez à en savoir plus sur leur fonctionnement ou leur couleur, soyez curieux afin de vous familiariser avec et de limiter les sources de questionnement.

Revenez à nouveau dans votre lieu rassurant, profitez de ces moments apaisants et imprégnez-vous de ces sensations positives. Prenez votre temps et vivez cette immersion comme un moment de sérénité.

Une nouvelle fois, visualisez réellement la scène ou l'objet de votre peur, comme si vous étiez en présence de ce qui engendre en vous des pensées anxiogènes.

Prenez le temps de le/la détailler, de l'observer, percevez les couleurs, les odeurs et les sons liés à la scène ou à l'objet de vos peurs. Sentez comme votre peur est peut-être plus diffuse et moins envahissante.

Dès que vous ressentez un sentiment négatif, retournez dans votre lieu refuge et remplacez ces sentiments d'inconfort par la sérénité de ce lieu. Laissez-vous envahir par ces sensations agréables et réconfortantes et revenez dans votre respiration.

Puis, pour ancrer ces nouvelles sensations dans tout votre corps, prenez une profonde inspiration, bloquez-la et inscrivez ce mieux-être au fond de vous, en soufflant doucement.

Ancrez ces sensations agréables et prenez conscience de ces ressentis.

Revenez en état de veille.

JE ME LIBÈRE DE MES ANGOISSES MATINALES

Objectif : commencer sa journée en confiance

Que cela soit à cause de cauchemars, de soucis d'ordre privé ou professionnel, voire d'anticipation, les matins sont parfois difficiles et des angoisses peuvent vous saisir dès votre réveil. Non gérées, elles peuvent instiller un manque de confiance en vous préjudiciable pour le reste de la journée. J'ai moi-même été victime de ces angoisses matinales inexpliquées après mon burn-out et ce, pendant des années. Même si tout allait bien, je me réveillais avec une peur au ventre et un mal-être terrible, sans aucune raison apparente. J'ai donc mis en place plusieurs rituels, dont des visualisations à faire dès le réveil, à peine sorti de l'état d'endormissement (semblable à l'état Alpha).

Conseils

- ***Placez à votre chevet un papier ou un cahier pour y noter immédiatement toutes les pensées anxiogènes, sources de vos angoisses.*** *Les écrire diminuera leur empreinte sur votre cerveau.*
- ***Remplacez ces pensées anxiogènes par des affirmations positives*** *afin de vous mettre dans de bonnes conditions pour commencer la journée (voir page 78).*
- ***Pratiquez la respiration ventrale*** *et libérez-vous de ces angoisses à chaque expiration.*
- ***Pratiquez la visualisation*** *pour vous libérer de vos émotions* ***négatives*** *en page 137.*
- ***Pratiquez la visualisation du farfadet*** *(voir page 71) pour laisser derrière vous ces angoisses.*
- ***Pratiquez la visualisation sur l'objet naturel*** *en page 48.*

AUTRES VISUALISATIONS

- *Visualisez un ciel bleu au-dessus de vous avec quelques nuages noirs. Ces nuages représentant vos angoisses actuelles. Puis regardez ces nuages comme de la vapeur d'eau et faites-les se dissiper dans le ciel jusqu'à obtention d'un ciel totalement bleu.*
- *Visualisez un ballon dans lequel vous insufflerez vos angoisses pour le gonfler et, quand vous le souhaitez, lâchez-le et visualisez-le se perdre dans le ciel emportant avec lui vos angoisses. Terminez par la visualisation d'un lieu serein que vous appréciez particulièrement pour retrouver l'envie de vous lever.*

APPRENEZ À MAÎTRISER SEPT DES PEURS LES PLUS FRÉQUENTES

Peur d'un événement à venir

Objectif : réussir ses examens, entretiens professionnels, discours, prestation scénique, etc.

Lorsqu'on prépare un examen ou un entretien d'embauche, ou tout événement prévu, une des premières peurs que notre mental développe est celle de rater cet événement important. Si cette peur n'est pas contrée, elle nous entraînera dans des extrapolations hypothétiques et anxiogènes, annihilant toute confiance en soi. Plus l'échéance se rapprochera et plus notre stress se renforcera au détriment du sentiment de réussite.

Il sera donc important de court-circuiter la peur et de stocker en mémoire un sentiment de calme et de confiance. Cette visualisation vous permettra de vous rassurer sur votre capacité à réussir cet événement. Elle vous permettra également de remplacer des croyances négatives par des croyances positives, tout en prenant conscience des obstacles qui pourraient se dresser entre vous et la réussite.

À L'APPROCHE D'UN ÉVÉNEMENT STRESSANT

Je vous propose une visualisation qui ancrera progressivement la réussite de cet événement dans votre mental et permettra d'arriver plus serein le jour J. En vivant au préalable la réussite et la bonne gestion du stress et du trac générés par cet événement, vous vous placerez dans une spirale positive et créerez des conditions optimales pour faire de ce moment un succès. Avant de commencer cette visualisation, identifiez clairement l'événement futur suscitant en vous des angoisses ou des peurs par anticipation. Comme toujours, plus vous serez précis, plus cette visualisation sera efficace.

- *Placez-vous dans l'état Alpha.*
- *Visualisez-vous après l'événement, avec un sentiment de réussite (content, satisfait, fier et soulagé).*
- *Ancrez ces sensations avec les retours des gens qui vous entourent.*
- *Puis, visualisez-vous avant l'événement en train de bien vous préparer, avec concentration et en confiance.*
- *Si des angoisses apparaissent, imaginez-vous les gérer grâce à la respiration ventrale.*
- *Puis visualisez-vous pendant l'événement en train de gérer vos émotions et convaincre la ou les personnes en face de vous ou vivre sereinement la situation.*
- *Vivez les moindres détails à travers vos cinq sens.*
- *Terminez en visualisant l'événement dans la durée réelle : avant/pendant/après.*
- *Ancrez ces sensations au plus profond de vous.*
- *Repérez une affirmation positive.*
- *Revenez en état de veille.*

Vous pouvez également, si vous le souhaitez, diviser cet exercice en quatre visualisations plus courtes à réaliser sur quatre jours : premier jour : après, deuxième jour : avant, troisième jour : pendant et le quatrième jour, visualisez l'événement dans sa continuité.

Peur de prendre la parole en public

Objectif : réussir votre prise de parole et développer une nouvelle capacité

Le stress engendré par une prise de parole est un stress purement mental que l'on nomme communément « trac ».

Que vous réussissiez ou non votre discours ou prestation scénique, votre intégrité physique ne sera jamais en jeu. Le trac est principalement provoqué par un sentiment d'insécurité. Et, parce que nous sommes tous différents, la cause de cette insécurité dépend de votre vécu, de vos expériences passées, mais également (et nous retrouvons l'importance des souvenirs d'enfance) de la façon dont vous preniez ou dont on vous donnait – ou pas – la parole au sein de votre propre famille.

Pour bien vous préparer, la visualisation précédente vous sera d'une grande aide, mais une peur pouvant en cacher une autre, il est important d'identifier la peur qui se cache derrière ce trac.

Je vous invite donc à définir quelle est la peur dissimulée. Voici quelques possibilités : peur d'être jugé, peur du regard des autres, peur de décevoir, peur de paraître incompétent, peur d'être ridicule, peur du trou de mémoire, etc. **Écoutez-vous !**

Puis répondez à ces trois questions avant d'écrire et d'enregistrer votre texte, afin qu'il corresponde précisément à votre besoin :

- Par quelle autre émotion aimeriez-vous remplacer cette peur ?

....

- Quelle est la capacité dont vous avez besoin pour réussir ?

- Quelle affirmation positive correspond à cette capacité ?

JE PRENDS LA PAROLE EN PUBLIC

Une fois la peur bien déterminée, vous voici prêt à intégrer la capacité nécessaire pour réussir vos prochaines prises de paroles grâce à la visualisation créatrice.

- *Placez-vous dans l'état Alpha.*
- *Visualisez-vous en train de prendre la parole grâce à cette capacité intégrée en vous. Détaillez tous vos mouvements, écoutez-vous parler de façon assurée et claire. Prenez le temps de bien assimiler ces moments.*
- *Imaginez-vous debout face au public avec aisance.*
- *Appréciez la différence de votre attitude grâce à cette capacité.*
- *Intégrez les sensations positives apportées par cette capacité nouvelle.*
- *Recommencez deux fois cette visualisation avec la même capacité mais en changeant de lieu, de public et de sujet.*
- *Ancrez ensuite cette nouvelle capacité dans votre cerveau en inspirant, puis en bloquant votre respiration en pensant à la sensation développée avec cette nouvelle capacité ; et enfin en soufflant doucement pour la diffuser en vous.*
- *Répétez-vous votre affirmation positive.*
- *Revenez dans l'état de veille.*

Cette visualisation vous permet également de développer d'autres compétences. Il vous suffit pour cela de vous visualiser dans un contexte correspondant à la capacité que vous souhaitez renforcer.

Peur du regard des autres

Objectif : retrouver la confiance en soi et prendre du recul

Je distingue cette peur de celle liée à la prise de parole en public (bien que les deux soient souvent liées), car cette peur ne touche pas que l'expression orale. Non maîtrisée, elle peut se transformer en phobie sous le nom de « blemmophobie », transformant la moindre activité en groupe ou le moindre échange en une épreuve insurmontable. Personne ne peut toutefois s'affranchir du regard de l'autre. Nous vivons en société et avons été élevés selon un mode de pensées qui nous a conditionnés à porter des jugements sur ce qui est différent de nous. Il est donc important d'intégrer que, dans le monde dans lequel nous vivons, de plus en plus influencé notamment par le diktat des réseaux sociaux, nous serons toujours plus ou moins jugés. Mais que ce jugement n'en fait pas une réalité. Vous n'êtes pas ce que pensent les autres. Le regard d'autrui n'est pas votre identité et ne la construit pas. La preuve ? Une personne change généralement d'avis sur une autre en la connaissant mieux ou en changeant elle-même de paradigme. L'avis des autres reste la vie des autres et dépend de leurs croyances. **Cette peur est symptomatique, entre autres, d'un manque de confiance en soi. Et c'est ce que je vous propose de travailler avec cette visualisation.** Avant d'écrire votre propre texte, de visualiser (ou d'enregistrer cette visualisation), il sera nécessaire dans un premier temps de choisir un geste d'ancrage et une affirmation positive pour que votre visualisation soit la plus précise et efficace possible.

JE ME LIBÈRE DU REGARD DES AUTRES

- *Placez-vous en état Alpha, une fois votre geste d'ancrage et votre affirmation positive définis.*
- *Visualisez l'un de vos succès passés qui vous a particulièrement marqué.*
- *Laissez remonter ce souvenir visuellement ainsi que l'ensemble de vos ressentis à ce moment passé. Revivez-le comme si vous y étiez encore (où ? avec qui ? quand ?), revivez la scène à travers tous vos sens. Attardez-vous sur tous les détails.*
- *Ancrez une première fois ces moments avec votre geste d'ancrage.*
- *Écoutez les mots de félicitations des personnes qui vous entourent et appréciez-les à leur juste mesure.*
- *Prenez conscience de la confiance que vous aviez ce jour-là.*
- *Ancrez une seconde fois ces moments avec votre geste d'ancrage.*
- *Souvenez-vous de quelle façon vous avez ressenti ces émotions positives. Mettez un mot dessus et ancrez une nouvelle fois ces émotions positives avec votre geste d'ancrage.*
- *Prenez conscience du sentiment de confiance revenu en vous et maintenez-le en formulant votre affirmation positive.*
- *Terminez en intégrant l'ensemble de ce processus en inspirant profondément et en expirant doucement pour le diffuser dans tout votre corps.*
- *Revenez en état de veille et voyez comme ce recentrage sur vos ressources et vos qualités vous a fait prendre du recul et peut-être montré que vous avez laissé votre mental s'emballer sans raison.*

Peur de perdre un objet ou une personne

Objectif : travailler le détachement pour retrouver un équilibre

Si la peur de perdre un objet peut être gênante au quotidien, la peur de perdre une personne physique peut se transformer en obsession ou en angoisse et transformer votre vie et celle de la personne concernée en cauchemar.

Une nouvelle peur, sinon phobie, émerge depuis quelque temps : la nomophobie. Cette peur de perdre ou d'être éloigné de son portable est de plus en plus courante à l'heure des réseaux sociaux omniprésents. Je vous propose, avec cette visualisation, de prendre du recul par rapport au sujet de vos angoisses, afin de recouvrer davantage de liberté et de sérénité.

UNE LIBERTÉ ET UN ÉQUILIBRE RETROUVÉ

Je vous propose, avec cette visualisation, de prendre du recul par rapport au sujet de vos angoisses, afin de recouvrer davantage de liberté et de sérénité.

- *Placez-vous dans l'état Alpha.*
- *Visualisez-vous dans un endroit coupé de tout, en pleine nature.*
- *Laissez monter en vous un sentiment de calme et de satisfaction d'avoir tout ce dont vous avez besoin dans ce cadre exceptionnel.*
- *Prenez conscience d'avoir simplement le strict nécessaire pour survivre et de vous sentir parfaitement bien.*
- *Listez tout ce à quoi vous tenez de façon excessive et dont l'idée de perte vous procure des angoisses (portable, objet précieux, relation amoureuse ou amicale, etc.).*
- *Imaginez-vous évoluer sans et notez qu'il n'y a aucun risque à vivre sans.*
- *Prenez conscience que vous êtes la même personne, entière et en pleine forme, même sans ces objets.*
- *Prenez conscience que votre équilibre ne dépend que de vous et pas d'objets extérieurs.*
- *Intégrez cette sensation de liberté et d'équilibre retrouvée.*
- *Ancrez-la par une profonde et lente respiration.*
- *Revenez dans l'état de veille.*

Dans le cas particulier d'une relation trop possessive (et donc toxique et destructrice) avec quelqu'un, vous pouvez également visualiser que ce lien amoureux ou amical existe toujours, même sans ce rapport de possession. Et vous pouvez ajouter une étape, en visualisant une sortie avec cette personne dans une relation apaisée. Ancrez alors le sentiment de plénitude que cela suscite en vous.

Peur de la maladie

Objectif : retrouver confiance en son corps et en ses ressources

Pour une personne hypocondriaque (à savoir toute personne en proie à une anxiété obsessionnelle et excessive à propos de sa santé, s'imaginant des maladies ou exagérant leurs conséquences au point de se rendre parfois réellement malade), la peur de la maladie peut devenir une source d'angoisse quotidienne. Dans certains cas, ce trouble peut causer des angoisses chroniques et engendrer une phobie sociale par crainte d'être contaminé par un virus, un microbe ou autre agent pathogène.

Souvent, l'hypocondrie se nourrit d'une défiance vis-à-vis de son corps face à la maladie. Pour limiter ces angoisses, une des façons d'utiliser la visualisation créatrice repose sur la réactivation d'un contact avec son corps et le rétablissement d'une confiance en ses défenses immunitaires et cellulaires.

Souvent nous tombons malade, parce que nous pensons inconsciemment bien sûr que la maladie est la seule réponse possible face à une situation précise, qu'elle est la solution la plus simple pour résoudre un problème interne insurmontable à nos yeux.

L'utilisation de la visualisation permet de limiter le fossé qui s'est creusé au fil des années entre l'esprit de la personne effrayée par la maladie et son corps en lequel il n'a plus confiance. En utilisant la visualisation créatrice, vous prendrez part à votre bien-être et sortirez du rôle de témoin passif de ce qu'il vous arrive. En redevenant pleinement actif, vous limiterez ainsi vos peurs.

La médecine reconnaît d'ailleurs de nos jours le lien entre nos croyances et le développement ou l'amélioration d'une maladie. Au même titre que la réussite ou non d'un traitement médical.

À L'ÉCOUTE DE VOTRE CORPS

Avec cette visualisation, je vous propose d'apprendre à vous placer à l'écoute de votre corps, à reprendre confiance en lui et en son pouvoir, à réguler l'énergie qui y circule. Cette visualisation vous sera d'une grande utilité, autant à titre préventif que de récupération.

Je vous conseille de l'effectuer en forêt, quand vous le pouvez, l'effet des phytocides renforçant ses bienfaits.

Évidemment, cette visualisation ne remplace en rien un suivi de traitement médical mais elle saura l'accompagner au mieux.

Pour ceux qui la connaissent, vous pouvez vous inspirer de la série populaire des années 1980 *Il était une fois la vie.*

- *Placez-vous dans l'état Alpha.*
- *Visualisez votre corps à l'extérieur et imaginez-vous devenir tout petit et y entrer pour un voyage intérieur.*
- *Admirez la mécanique parfaite de votre corps et regardez le travail exceptionnel de vos organes.*
- *Ressentez de la gratitude pour tout cela.*
- *Descendez encore plus profondément jusqu'à votre ADN.*
- *Prenez conscience que votre corps fonctionne bien.*
- *Si vous pensez à un organe malade, décidez d'envoyer les principes réparateurs vers lui. Vous pouvez imaginer envoyer des couleurs, par exemple (jaune pour plus de vitalité, bleu pour plus de calme, etc.).*
- *Renforcez l'action bienfaisante de ces éléments à chaque respiration et prenez conscience d'avoir un effet bénéfique sur votre santé.*
- *Prenez conscience de toutes les ressources que possède votre corps et ancrez-les par la respiration.*
- *Visualisez-vous revenir à l'état de veille en pleine forme (ou en meilleure forme selon votre état actuel).*
- *Remerciez votre corps pour tout ce travail.*
- *Revenez dans l'état de veille.*

Peur de l'échec

Objectif : relativiser l'échec et aller de l'avant

Souvent derrière la peur de l'échec s'en cache une autre, celle de décevoir son entourage. Cette peur qui a pour nom la « kakorrhaphiophobie » et qui assimile l'échec à une humiliation peut vous pousser à vous autosaborder ou à abandonner avant même d'avoir essayé. Pourtant, rappelez-vous la désormais célèbre phrase de Nelson Mandela : « Je ne perds jamais, je gagne ou j'apprends. » Ne pas réussir quelque chose n'est pas forcément négatif. Ce n'est évidemment pas agréable sur le moment mais, après la période d'acceptation, on y trouve parfois des avantages : recommencer différemment, essayer autre chose, se remettre en question, etc. Tout le monde a au moins échoué une fois dans sa vie, et certains en ont même tiré profit comme Walt Disney qui a été licencié de son premier poste pour « manque d'imagination »… vous connaissez pourtant la suite.

Pour maîtriser cette peur, je vous propose de changer tout d'abord de point de vue sur la notion d'échec et d'adopter la vision anglo-saxonne de « culture de l'erreur », voire de « culture de rebond », qui s'avère beaucoup plus positive que la vision de l'échec telle que nous la vivons en France.

Cette quête du perfectionnisme, qui peut vous pousser jusqu'à l'épuisement, nourrit en vous une insatisfaction chronique et une tendance à la procrastination. Il est temps de changer de point de vue sur l'échec, de comprendre la raison de cette peur d'échouer, et d'avoir suffisamment confiance en vous pour sortir de votre zone de confort et mettre toutes les chances de votre côté.

Voici quelques pistes de travail, à travers la visualisation :

- **Renforcez votre confiance en vous avec la visualisation** en page 153, en vous remémorant les moments positifs de votre passé au lieu de vous référer toujours à vos éventuels échecs.
- **Travaillez sur vos croyances limitantes** en page 108.
- **Développer la technique du switch** (voir page 97) pour remplacer une peur par une capacité.
- **L'échec poussant à l'inaction et à la procrastination, je vous propose de lister dans une colonne tous les avantages que vous apportera la réussite et, dans une autre colonne, tout ce que vous auriez à perdre à ne rien faire, puis terminez votre démarche par la visualisation page 147**, afin de vous visualiser dans le futur ayant réussi. Cela peut faire toute la différence…

Peur du noir

Cette peur trouverait son origine dans l'anxiété de la séparation apparue durant l'enfance. Souvent, la peur de l'obscurité n'est d'ailleurs pas le sujet principal, mais bien les dangers qui se dissimuleraient dans cette noirceur.

La fameuse peur du monstre dans le placard ou sous le lit… Cette angoisse continue de toucher certains adultes et peut se transformer en une véritable pathologie que l'on définit sous le nom d'« achluophobie ».

Comme pour toutes les peurs, il est utile de savoir d'où elle vient car la peur du noir peut, encore une fois, en cacher une autre.

Répondez à ces trois questions :

- Qu'est-ce qui vous fait peur dans le noir ?

....

....

....

....

- Quel est le danger que vous redoutez le plus dans le noir ?

....

....

....

....

- Quel est votre sens le plus sollicité dans l'obscurité ?

....

....

....

....

Puis prenez un moment pour prendre du recul sur vos réponses. Ces angoisses sont-elles fondées sur quelque chose de réel ou le pur fruit de votre imagination ?

UNE BULLE DE LUMIÈRE

Si votre peur est restée au stade de la peur et ne s'est pas transformée en phobie, voici une visualisation qui vous aidera à la maîtriser, en vous plaçant dans une bulle de lumière. Celle-ci vous apportera un sentiment de sécurité pour pouvoir vous déplacer dans le noir. Cette lumière visualisée vous permettra également de rester dans l'obscurité et, progressivement, prenant conscience que rien ne vous arrive, vous permettra de retrouver confiance même en pleine nuit.

- *Placez-vous dans l'état Alpha.*
- *Visualisez-vous en train de marcher en pleine journée par une belle journée de printemps, en train d'écouter les oiseaux, de sentir les parfums des fleurs, etc.*
- *Puis visualisez le jour descendre progressivement et imaginez que plus le jour baisse plus une bulle de lumière grandit autour de vous.*
- *Ressentez un grand sentiment de sécurité avec cette clarté qui vous entoure où que vous alliez maintenant que la nuit est tombée.*
- *Renforcez cette bulle en créant un cercle avec vos bras, comme un rempart imperméable à l'obscurité qui vous entoure.*
- *Prenez conscience que rien ne peut vous menacer tant que vous êtes dans cette bulle*
- *Répétez un mantra tel que : « Je suis en sécurité. »*
- *Revenez en état de veille.*

Cette visualisation est faite pour enclencher le processus, je vous invite à entretenir cette bulle de lumière autour de vous régulièrement, même lorsque vous ne ressentez pas de crainte. Vous pouvez aussi doubler votre démarche d'un geste d'ancrage.

LE MOT DE LA FIN

OUI, J'AI PEUR... ET ALORS ?

Pour terminer cet ouvrage, je me dois d'être honnête avec vous. Apprendre à maîtriser sa peur requiert du travail et du temps, et même si la visualisation créatrice vous sera d'une grande aide, il sera important de prendre soin également de votre santé physique, de votre alimentation et de compléter ce travail par une bonne gestion du stress.

Si le chemin peut vous sembler long,
le jeu en vaut la chandelle.

Vous avez la possibilité de ne plus vous laisser guider par vos peurs en apprenant à vivre en bonne intelligence avec elles. Elles reprendront la place qui leur revient, à savoir un signal d'alarme, une alerte quant à une situation qui ne vous convient pas ou plus.

Il est vrai que prendre le temps dans notre monde épris de vitesse et de surinformation, voire de désinformation, constituera déjà une victoire dont vous pourrez vous féliciter. Choisir un lieu adapté à votre pratique sera également important, et je vous conseille de faire vos visualisations dès que possible au cœur d'une forêt, car ses bienfaits aujourd'hui avérés vous aideront dans le déroulé de vos visualisations. Si vous réfléchissez bien, tout ce qui est précieux et qui compte pour vous s'est construit dans la durée pour faire aujourd'hui votre bonheur. Rien ni personne ne peut se soustraire au temps, alors autant le mettre à profit. De nouvelles peurs, vous en aurez chaque jour. Mais avec les bonnes pratiques, dont la visualisation créatrice, elles deviendront de simples obstacles que vous apprendrez à franchir de plus en plus facilement. Gardez toujours à l'esprit que ce sont les failles dans la roche qui permettent de gravir une montagne. Ces peurs sont utiles comme le sont toutes vos émotions, acceptez-les pour vous en faire des alliées plutôt que des ennemis et osez les partager pour mieux les dépasser.

Je souhaite que cette façon d'utiliser la visualisation créatrice vous apporte autant qu'elle m'a apporté et vous libère de vos freins pour cheminer vers un futur plus serein.

La vie est un chemin, autant suivre celui qui vous rend heureux.

BIBLIOGRAPHIE

ANDRÉ Christophe, *Psychologie de la peur*, Odile Jacob, 2005.

BECK Aaron Temkin, *La Thérapie cognitive et les troubles émotionnels*, De Boeck, 2017.

BOURBEAU Lise, *Les 5 Blessures qui empêchent d'être soi-même*, Éditions E.T.C INC, 2000.

COUÉ Émile, *La Méthode Coué, œuvres complètes*, Éditions Bussière, 2010.

DOIDGE Norman, *Les Étonnants Pouvoirs de transformation du cerveau*, Pocket, 2007.

LELORD François et ANDRÉ Christophe, *La Force des émotions*, Odile Jacob, 2001.

RENARD Hélène, *Dictionnaire des rêves*, Albin Michel, 1998.

DU MÊME AUTEUR

Chemins de reconnexion, Guy Trédaniel éditeur, 2021.

Allégez votre mental ! Guy Trédaniel éditeur, 2018.

Les 50 Règles d'or de la sophrologie, Larousse, 2018.

La Visualisation positive pour les Nuls, First, 2017.

Le Petit Livre anti-burn-out, First, 2017.

Une Révolution positive, Larousse, 2017.

Prévenir le burn-out avec la sophrologie, Guy Trédaniel éditeur, 2015.

Libérez votre talent avec la sophrologie, Guy Trédaniel éditeur, 2014.

Pour en savoir plus :

Site : www.alainlancelot.com

Email : alain@alainlancelot.com

Découvrez d'autres visualisations sur la chaîne YouTube : Alain Lancelot.